영도에 닻을 내리다

황선화 산문집

영도에 닻을 내리다

들어가는 말

닻을 내린 곳에서 닻을 올리다

먼 항해를 떠나는 닻을 올리기 위해선 정박지가 중요하다. 제 몸을 살피고 정비하는 그 자리가 먼저이기 때문이다. 내 마음이 머무는 자리, 내 시선이 멈추는 자리 역시 하나의 정박지다. 엄중한 시대, 곁을 돌아보는 마음 따라 사유의 지평을 키워가는 일이 무엇보다 큰 숙제로 여겨진다. 명민한 시선을 키우기 위한 첫걸음, 생각에 생각을 더하는 것은 나의 정박지를 살피는 일에서부터 출발해야 할 것이다. 하나의 선이 마침표를 만나 완성될 때까지 깊이 바라보는 동안 한 걸음씩 나아갈 것이므로.

오래된 기억을 담고 있는 장소를 좋아하는 나에게 영도는 무척 매혹적이다. 사라진 골목 끝 낡은 주택 앞에 서기도 하고, 둘레길을 따라 하염없이 걷기도 한다. 신석기시대 사람들의 흔적을 볼 수 있는 동삼동 패총전시관에도 들르고 바닷바람이 비껴갈 수 있도록 유선 형태로 만들어진 해양박물관에도 간다. 골목에서 펼쳐지는 활동에 손을 들고, 함께 살아가는 일을 궁리하는 연대활동에도 참여한다. 사방을 둘러싼 바다는 무엇보다 큰 선물로 힘찬 일출과 주홍빛 노을이 고즈넉한 저녁을 무시로 누릴 수 있다.

근래 몇 년 동안 영도는 오래된 수영장과 낡은 목욕탕 그리고 작은 숲속 유치원이 카페로 바뀌어 우리를 초대한다. 할머니가 살던 오래된 주택의 거실이 오붓한 서재로, 작은 마당이 유럽풍 정원으로 바뀐 곳도 그리 멀지 않은 골목에 있다. 8년 전 신기했던, 철물점이 카페로 변신한 사례는 이제 평범한 축에 들 정도이다. 엄청난 규모를 자랑하는 대형 카페엔 손님과 함께 가고 혼자만의 시간엔 골목 사이 작은 카페로 간다. 낡은 벽돌 틈 사이 켜켜이 쌓인 시간의 흔적과 함께 보내는 오후가 즐겁다. 동네 곳곳이 바깥 서재이자 놀이터다.

그중 소박한 마을 공동체에서 시작된 만남이 주는 울림이 크다. 작은 공간을 기점으로 펼치는 활동에서 마을이 함께 아이를 키운다는 게 어떤 것인지를 알게 되었다. 아이들과 하는 활동 중 으뜸으로 치는 바다 쓰레기 줍기 외에도 방학이면 우당탕교실이 열린다. 늘 마주치는 어른들이 선생님이 되어 마주 앉은 시간은 어떤 색깔로 기억될까, 문득 이는 궁금증은 흐뭇한 기대이기도 하다. 어른들의 동아리와 학습모임도 꾸준히 이어지고 있다. 함께 살아가는 일에 성심을 다하는 한 사람 한 사람을 보며 가슴이 따뜻해질 때가 많다. 마음을 낸다는 것이 어떤 것인지, 그것이 우리를 어디로 이끌고 갈지 행복한 상상을 하게 된다. 덕분에 새로운 경험과 귀한 인연을 더 할 수 있었다.

지금 여기를 살아간다는 것, 그 당연한 일이 갈수록 어렵다. 어제를 후회하고 내일을 염려하느라 오늘을 놓치는 일이 얼마나 많은가. 그저 현재를 즐기는 삶이 아닌 다른 지금을 살아가기, 그것은 작은 것들에 마음을 기울이는 것에서부터 시작되지 않을까 싶었다. 우리의 정박지 또한 지극히 작은 것들의 연대이지 않은가, 하여 작은 것들을 천천히 오래 바라보고 싶었다. 마음이 머무는 자리를 따라가며 내 안의 나를 만나고 또 다른 너를 만나는 시간이었다. 작아서 소중한 것들을 한 번 더 불러보는 시간이었다.

절영해안로 앞 묘박지에서 다음 항해를 기다리는 배들을 보며 친근한 마음인 건 나와 다르지 않아서였는지도 모르겠다.

잠시 머물 예정으로 찾아든 영도에서 어느 곳보다 오래 살고 있다. 영도 한가운데서 단단히 중심을 세우고 선 봉래산과 사방을 둘러싼 바다를 동무 삼아 구불구불 골목길 사이로 스며든다. 우연히 닻을 내린 이곳에서 천천히 살아가는 중이다. 살짝 기댈 수 있는 어깨를 빌린 것처럼 해안 길을 따라 걸으며 조금 더 나다워지는 중이다. 닻을 내린 곳에서 닻을 올린다.

2024년 겨울

황선화

차례

2부 부산, 들여다보면 보이는 곳들

3부 영도, 다리 너머로 넘어오면

5부 그대, 기다린 날인가요?

1부

아주,
짧은,
바로 그때

해를 마시다

무엇을 찾으려는 것일까. 무엇을 만나고 싶은 것일까. 노을이 번지기 시작하는 시간이 되면 해안으로 향하곤 한다. 석양을 찾아가는 것이다. 빨간 등대 너머로 아찔하게 출렁이는 노을빛에 젖어 든다. 여름 저녁이면 더 자주 걸음을 재촉한다. 가까운 중리 해변에도 몇 해 전 노란색 전망대가 생겼다.

아직 끝나지 않은 맵싸한 날씨와 함께 한 해를 시작하는 1월, 반가운 이들이 먼 길을 와주었다. 여행자를 따라 내가 사는 동네를 여행하는 오후, 한동안 뜸했던 발길에 봄날의 따스함이 내려앉는다. 익숙함에 싱그러움을 끼얹는다. 6년 여의 시간을 건너뛴 만남이지만, 지난가을에 보고 또 보듯이, 지난주에라도 만난 것마냥 스스럼없는 시간으로 흘러들었다. 잘 다녀오라며 포근한 점퍼를 건네주던 오래전 그날처럼, 한 시절 오롯했던 순정의 마음이 고스란히 건너왔다.

밀도 높은 2박 3일의 여정은 청춘의 여행처럼 흥겨웠다. 이것도 해보자, 저것도 해보자. 이것도 먹자, 저것도 먹자. 갓 스물의 설렘이 동반했다. 무어라도 좋았다. 무엇이라도 즐거웠다. 그저 걸어도 좋았고, 걸음이 지체되어도 흔쾌했다. 하루 2만 보를 거뜬히 걸었다. 영도대교 아래 해안 따라 늘어선 포차에서 붉은 숯불에 손을 쬐고, 이른 아침 남항시장 한쪽에서 돼지국밥을 달게 먹었다. 태종대를 걸으며 고양이들과 눈을 맞추고 멀리 대마도를 보았다. 한 번도 가보지 않은 해수탕에도 갔다. 거리낌 없는 즐거움에 흠뻑 빠졌다. 덕분에 다시 영도를 만났다. 내가 깃든 곳이 더 사랑스러워졌다.

고이 접어둔 우정에 기대어 한 걸음 또 한 걸음을 더한 하루, 이틀, 사흘. 미리 온 봄이 마중해주었다. 매화꽃 향기가 저 모퉁이를 돌아오는 계절, 찬란한 자연이 길동무해주었다. 석양 앞에 나란히 앉은 침묵의 순간, 말하지 않는 말들이 수런거린다. 다하지 못한 안부를 전하고, 잘 지내라는 당부를 건네는 눈빛이 깊어진다. 설레는 기대로 함께 한 시간이 더해 준 따뜻함이 우리를 둘러싸고 있었다.

점점이 떠 있는 배들처럼 잠시 쉬어가는 우리도 다시 긴 항해를 떠나야 할 시간, 나란히 펼친 우정을 차곡차곡 가슴에 담는다. 이송도 흰여울에 내려앉은 노을빛 해를 들어 올린다. 붉은 석양 한 모금과 한 겹 우정으로 데우는 가슴, 내일을 굳건히 살아갈 수 있을 것 같다. 하루를 지켜낸 해를 배웅하고 노을을 밟으며 밤으로 건너간다. 담담한 일상 속에 붉은 한 점 남기고 떠나는 뿌연 뒷모습 사이로 아쉬움 한 자락이 옷깃을 세운다. 함께 한 시절, 오래전 그때가 어제인 듯 선명한데 나는 멀리 와 있다. 다음 안부까지 평안하시라.

“해를 마신다. 오랜 우정을 마신다. 노을 한 모금에 몸을 데운다. 매일 아침 해를 퍼 올리는 굳건한 바다 앞에 겸허해진다. 석양빛에 물드는 저녁 하늘에 슬쩍 자리를 내어주는 몸짓에 두 손을 모은다. 노을빛은 자연의 순리, 그 순한 이치에 평화로워진다. 나도 따라 넉넉해질 것만 같다. 유연하면서도 견고한, 그 자연스러움을 닮아 가리라. 다시 문을 열고 나선다.”

껍질만 남은 양파

주방 옆 베란다에는 많은 것들이 있다. 한쪽 벽면의 보일러에서 시작하여 세탁기와 빨래 바구니, 창틀 아래로 김치냉장고와 바퀴 달린 장바구니가 벽에 기대어 있다. 그 옆 꺾여진 벽면에 앵글 선반이 자리를 잡고 있다. 커다란 양푼과 바구니 등 주방 싱크대에 들이지 못하는 살림살이들 차지다. 다시 우측으로 틀면, 바깥을 향한 긴 창문 아래 몇 개의 항아리와 친정엄마가 보내주신 쌀자루가 놓여 있다. 이 많은 물품들은 모두 나의 소용을 위한 것, 늘 신세를 지고 있다.

몇 발자국 옆에 분리수거 박스들을 두는데, 그 귀퉁이에 철망 바구니가 있다. 대개 감자나 양파 등을 담아 두는 것으로 한철 감자보다는 대부분 양파 차지다. 혼자 먹는 밥은 자주 게으르다. 게으름의 싹과 함께 감자나 양파의 싹도 자란다. 이럴 때면 서둘러 손질해 냉장고 야채칸으로 옮기거나 싱싱한 초록이 아까울 땐 유리컵에 담아 주방 한쪽에 두기도 한다. 가을 어느 즈음부터 간편 요리조차도 뜸했다. 양파 하나에 있는 재료 더해 끓이는 간단 된장국도 없이 여러 날이 지났다.

진눈깨비라도 뿌릴 것 같은 흐린 겨울 아침, 문득 베란다를 뒤적였다. 항아리에 꽂아둔 우산을 확인하고 가득 쌓인 비닐봉지도 꺼내 정돈할 요량이었다. 분리수거함을 들고 나서는데 그 곁에서 바스락! 연한 소리가 울렸다. 투명한 듯 불투명한 옅은 자줏빛 덩어리였다. 둥그렇게 한데 어우러진 조각들. 그 앞에 쪼그려 앉았다. 바스락 소리만 남은, 붉은 망 안에 얌전히 자리를 잡고서 바싹 말라버린 자줏빛 흔적, 깃털처럼 가벼워진 껍질 한 움큼, 양파의 기억이었다.

가끔 달아매 놓고 쓰던 마늘이 빈 껍질만 남을 때가 있긴 했다. 쪼그라들기도 하고 까맣게 상하기도 하다가 계절이 바뀌도록 오래 두면 속이 비어버린 마늘쪽을 보기도 했다. 그런데 바스락거리는 껍질만 봉긋하게 남은 양파의 자태는 상상해 본 적 없는 마주침이었다. '우리 몸의 70%는 물이야.' 실감하지 못하던 그 말이 눈앞에 펼쳐져 있었다. 수분이 빠지면서 사라진, 껍질만 남은 양파를 보니 생명이라는 것의 본질을 마주한 기분이었다. 우리가 무엇으로 만들어진 것인지, 우리가 돌아갈 곳이 어디인지를 보았다. 봉분 안에 누인 몸이 흙으로 섞여 들어가듯이 양파도 공기 속으로 흩어져버린 것이다. 양파와 내가 다르지 않다는 걸, 자연에 기대어 살아가는 작은 물질, 그 본질에서 우리는 같다는 걸 오래 바라보았다.

머릿속 종소리와 함께 양파의 흔적을 향해 찰칵! 바스락 껍질 속에서 우리는 하나였다.

좋은 하루 되십시오!!

“좋은 하루 되십시오!!”

특별할 것 없는 한 문장이 빛기둥처럼 건너왔다. 수수한 화선지로 감싼 소박한 인사에 마음이 말랑해졌다. “감사합니다~.” 인사에 긴 꼬리가 달렸다. 얼굴엔 미소가 저절로 어렸고 마음은 둥실 떠올랐다. 귀한 마음을 막 다룰 수 없어 책상 한쪽에 얌전히 두었다가 다시 서랍 한편에 자리를 정했다. 정성이 담긴 한 줄, 가끔 눈을 맞춘다.

“오늘 하루도 당신 거에요.” 아침 라디오의 마무리 인사가 참 좋았다. ‘그렇구나, 오늘 하루가 내 거로구나.’ 새삼 감사해졌다. 당연한 걸 이름 지어줘야 선명해지는 안타까움이 없지 않지만, 좋은 건 좋은 대로 받아들이고 싶어 가끔 그 인사를 빌려 쓰곤 했다. 아이에게 토닥토닥 대신 전하기도 하고, 먼 길 돌아 다시 만난 친구가 의기소침해 보일 때 응원의 마음을 담아 건네기도 했다. 각별하게 여기는 한 마디를 쉬이 쓰지 않는 건, 조금 과장된 제스처라는 느낌 때문이다. 살짝 쑥스럽다고나 할까. 입술에 올리진 못하고 문자로만 건넸더랬다.

짐이 무거워서가 아닌 가벼운 몸으로 택시를 타는 건 경계하는 일이다. 물론 가끔 타게 되는 경우가 있다. 동행이 있을 때, 서너 명이라면 버스비와 택시비를 어림하여 선택할 때가 있고, 간당간당 지각으로 애를 태울 때면 택시를 타기도 한다. 그런 어느 날 중의 하루였을 게다. 동행의 기억은 흐릿하고 어딘가로 향하던 길이었는지도 희미하지만, 택시 안의 한순간 풍경이 스냅사진처럼 떠오른다. 앞 유리창으로 비껴들던 햇살까지도. 10cm 자 크기의 하얀 화선지 속, "좋은 하루 되십시오!!"

얼핏 눈시울이 촉촉해졌던 것 같다. 그저 손님일 뿐 마음 내어줄 일 없는 누군가를 위해 종이를 접는 손끝이 보였다. '좋은 하루라. 그렇네요, 당신이 이미 건네주었네요. 이렇게 소박한 선물이 참 감동적이네요.' 차창 밖으로 흐르는 구름을 올려다봤다. 좋은 하루는 어떤 것일까. 나에게 좋은 하루는 어떤 날일까. 우리는 어떤 날을 좋은 하루라 기억할까.

흔한 인사가 각별하게 다가온 건 정해지지 않은 누군가를 향해 내어주는 마음, 따듯한 인사를 건네고자 가지런히 모서리를 접던 그 마음 때문일 것이다. 한 문장을 고르고 예쁘게 오려 화선지로 찬찬히 겹을 짓던 몸짓의 울림일 것이다. 아껴둔 인사, "오늘 하루도 당신 거예요!" 작은 미소 담아 건네면 영 멋쩍지만은 않을 것 같기도 한데, 조금 더 자주 호출해볼까나. 슬며시 마음을 내어 보게 한다.

"내가 진정 아끼는 만병통치약은 희석하지 않은 순수한 아침 공기 한 모금이다. 아, 아침 공기! 만약 사람들이 하루의 원천인 새벽에 이 아침 공기를 마시려 들지 않는다면, 그것을 병에 담아 가게에서 팔기라도 해야 할 것이다. 아침 시간에 대한 예매권을 잃어버린 세상의 모든 사람들을 위해서 말이다."[1] 소로우의 문장에 마음이 움직일 때면 산책을 서두른다. 그리고 알게 된다. 아침 산책은 좋은 하루를 담보해주는 손쉬운 처방이라는 걸.

햇살이 반짝이는 오솔길, 연한 초록이 살랑이는 계절에 맨발로 걷던 황톳길, 그 길에서 마주친 질경이들, 삐죽삐죽 고개 내민 그 봄을 향해 거침없이 내밀던 손. 쑥 캐러 가고 싶어 간질이는 마음을 담아 산으로 간다. 옆구리에 끼고 간

---

[1] 핸리 데이빗 소로우, 『월든』, 은행나무, 2016, 210쪽.

책 한 권 펼치고서 한나절을 보냈다. 지나가는 바람이 등을 밀어주고, 때를 가리지 않고 피어나는 꽃들이 반기는 그곳에서. 그런 날, 혼자서도 행복한 미소를 짓게 된다. 좋은 하루에 흐뭇해진다.

지금 나에게 좋은 하루는 별일 없는 날이다. 어제 같은 오늘, 오늘 같은 내일. 반복되는 그 날들이 애틋하다. 한식즈음 따라나선 산소길에서 손목이 부러진 엄마, 팔짱 끼고 동네 마실이라도 해야겠다며 예정한 날짜에 병원으로 찾아뵐 때, '별일 없는 하루'가 간절해진다. 그래도 이만하길 다행이다. 그러니 오늘 역시 '좋은 하루'라고, 그리 생각하자고 엄마에게 말한다.

뒷모습

책상 위 하얀 이면지에 대고 톡! 검은 초록에서 시작한 연두가 왈칵 쏟아진다. 야트막한 산등성이가 눈앞에 나타난다. 한데 어우러진 연필심과 나무 부스러기가 동그마니 내려앉는다. 살짝 패인 골짜기도 보인다. 태고에서 출발한 흑심가루에 색연필 부스러기가 더해져 만들어 낸 자태가 예사롭지 않다. 산맥을 닮다니, 그 장렬한 최후에 뭉클해진다. 기껏 연필의 뒷모습에 그리 호들갑인가 싶지만, 역시 그랬다. 어쩌면 빛을 머금은 어둠, 흑연의 떨림이었을지도 모르겠다.

필기구에 잡다한 욕심을 부리는지라 필통이 금세 차곤 한다. 귀가 빠진 컵, 원통 모양의 약통, 단단한 종이 상자, 옹이 무늬가 물결치는 나무 연필통. 책상 위 필통 역시 가

지각색이다. 몇 개의 색연필 세트가 있고, 여러 개의 연필을 갖고 있다. 오래전 학습지 수업에 따라온 연필이 아직도 있고, 각종 행사의 기념품으로 받은 연필, 써보니 좋다며 전해 준 연필, 누군가의 추천으로 구한 연필 등 사는 동안 다 쓸 수 있을까 싶을 만큼 그득하다. 밑줄 긋기용 색연필 또한 여러 색깔 여러 모양이다. 그런 중에도 탐나는 연필과 색연필이 있고 여전히 문구용품 소개엔 저절로 눈길이 간다.

늘어나는 연필 따라 책상 한 귀퉁이를 차지하게 된 연필깎이, 손잡이를 돌돌 돌려서 뾰족하게 깎아 낸 연필을 나란히 세워 두면 흡족하다. 부지런히 숲을 돌아다니며 도토리를 주워 모으는 다람쥐처럼 차곡차곡 필통을 채운다. 깎여나간 찌꺼기 통을 비우는 즐거움도 제법 괜찮다. 글쓰기 수업에서 A4 한 장을 꽉 채운 듯한 느낌이라고나 할까. 비워야 채울 수 있음을 목격하는 순간이기도 하다.

연필심은 닳지만 심을 감싸고 지탱해주는 나무는 제 몸을 깎아야 한다. 제 살을 깎고 깎는 시간이라니, 참으로 억울한 노릇이겠다. 주연 아닌 조연도 억울한데, 잔뜩 힘을 주고 붙잡고 있다가 한순간에 떨려 나가야 하는 신세 아닌가. 연필심을 시샘하지는 않을까. 나무는 연필심이 되고픈 욕심을 갖기도 할까. 나라면 그럴 공산이 크지만 이미 연필로 하나 된 두 친구는 제 본분에 충실해 보인다. 맞다, 이제 그는 나무가 아니고 연필이다. 세상 많은 것들은 그렇게 제 본연의 역할을 받아들일 때 하나의 톱니바퀴로 굴러간다. 연필 찌꺼기 통을 비우다 말고 생각에 잠긴다. 멀리 능선을 하염없이 바라본다.

말갛게 비워낸 통이 다시 채워져 갈 때면 조금 뿌듯하고 한편으로 애틋하다. 돌돌돌 소리 따라 사라지는 자취가 나를 대신해 스러지는 흔적은 아닌지 가만해진다. 한 작가는 흑연을 '빛을 머금은 어둠'이라고 했다. 어쩐지 태고적 어둠 사이 한 줄기 섬광이 보이는 것만 같다. 제 몸을 사르고 홀연한 촛불처럼 온 힘을 다하고 난 후의 홀가분함일까. 그 뒷모습에 내 안의 키가 한 뼘 자랐을 것 같은 기분이 된다. 제 한 몸 사른 건 연필인데 공연히 우쭐해진다. 주인공이 되지 못하는 생이라도 딱히 억울할 것 없지 않냐고, 제 본연의 모습대로 살아갈 일이라고, 한 마디 건네는 것만 같다.

흑심 또한 저 혼자 잘난 게 아님을 묵묵한 수행으로 보여준다. 쓰고 또 쓰는 손길 따라 닳아간다. 어떤 이의 정성스러운 한 줄 메모가 되거나, 누군가의 소중한 문장을 따라가는 밑줄로 남는다. 굳이 제 모습 그대로이길 고집하지 않는 홀연함이다. 옷을 갈아입은 흑심은 제 안에 무수한 말을 담고서 기다릴 것이다. 문득 페이지를 넘기는 손가락 끝에 슬쩍 손을 내밀기도 할 것이다. 시선이 멈추고 질문하게 할 것이다. 누군가의 밑줄이 또 다른 누군가에게로 가 닿기도 할 것이다. 그렇게 다만 마주치는 순간을 기다릴 것이다. 이제 그의 소임은 누군가의 기억이다. 다시 마주침이다.

난 누구의 밑줄이 될 수 있을까. 내 뒷모습을 이루는 색에는 어떤 것들이 있을까. 곰곰해지는 시간, 작은 촛불 앞에 앉는다. 나는 무엇에 흔연해질 것인가. 흔들리는 길목의 아지랑이 같은 바람과 애써 오르는 능선을 따라가던 초록 바람, 곧추세운 등뼈를 어루만지는 투명한 미풍을 등에 메고 길을 나서야겠다. 단단한 흑심처럼 올곧은 걸음으로. 흔쾌한 뒷모습을 향해.

다시, 처음으로

공기마저도 연두빛으로 물드는 4월, 뭇 생명의 생기로 출렁이는 때, 저절로 감사가 이는 계절이다. 꽃들은 찬란하게 피고 겨울을 지나온 나목들은 싱그러운 잎사귀를 키우느라 분주하다. 초록의 생기가 환한 봄날 오후, 가까운 수목원으로 향하는 발걸음에 한 발을 더한다. 공연히 조급한 마음 내려놓고 자연의 순리를 마주하러 나선다. 경쾌한 걸음 사이로 아담한 고목들이 먼저 다가온다.

단단히 버티고 선 회백색 몸피에 비틀리고 꼬인 줄기와 가지들이 엉켜 있다. 서로를 지키는 몸부림, 꽉 붙잡은 손길이었으리라. 계수나무와 구골나무가 나란히 서 있고 그 옆에 아왜나무가 함초롬하다. 맞은 편에선 작고 노란 꽃을 가득 피운 호랑가시나무가 눈짓을 한다. 벚꽃, 조팝꽃, 사과나무꽃, 모과나무꽃, 목단꽃 그리고 휘어질 듯 가지 가득 꽃을 달고서 자태를 뽐내는 겹벚꽃. 부지런히 피워올린 환한 미소 앞에 저절로 따라 웃는 사람들, 얼굴 가득 미소가 피어난다. 기꺼이 나눠주는 나무들 곁에서 평화롭다. 잔인한 4월이 한쪽 문을 열고 우리를 매혹한다.

우리는 안다. 하얗게 미소 짓는 꽃들이 품은 이야기를. 채 피지 못하고 스러진 꽃송이들의 이야기를. 흔들리는 초록 사이로 갈색 솔방울이 맺혀 있다. 느닷없이 불쑥 다가온 빛바랜 얼굴, 메타세쿼이어 열매다. 바싹 마른 얼굴에 주름이 가득하다. 꽃송이를 쥐듯 두 손으로 들어 올린다. 화사한 뜰 한 모퉁이에서 자신의 시간표대로 살아가는 숙명, 겹겹의 갈피에 오래된 이야기가 흐른다.

수목원을 돌아 나오는 등에 오후의 햇살이 내린다. 또 하루 잘 살거라, 토닥여준다. 우리의 처음은 생기로운 꽃이 아니었을지도 모른다. 쭈글쭈글 갈피에 담긴 오래전 그날이 돌아오는 중이다.

싸리비의 기도

봉래산엔 영도 할매만 있는 게 아니다. 정상의 할매 바위를 향해 가는 길목에 아들 '자봉'과 손자 '손봉'이 있다. 고신대학교 뒤편으로 올라채거나 목장원 뒷길로 오르거나, 동삼동 방향에서 오를 때면 가장 먼저 만나는 봉우리가 손봉이다.

첫인상은 썩 좋지 않았는데, 사실 손봉의 문제는 아니었다. 해발 395미터에 비해 봉래산의 오르막 경사는 꽤 가파르다. 잠시 숨을 고르기 위해 멈춰 선 곳은 손봉 아래턱 쯤으로 크고 작은 돌들이 의자처럼 흩어져 있었다. 맑은 산바람을 크게 들이마시던 나는 얼른 코를 감싸 쥐었다. 뒷골목의 오물처럼 번지는 지린내에 서둘러 걸음을 옮겨야 했다. 이후 그 길을 애써 피한 건 가파른 등산로 때문이 아니었다. 송골송골 맺히는 땀을 쉬어 가고픈 마음이 컸던 만큼 냄새의 여운은 길었다.

오랜만에 다시 오르는 그 길은 예전과 달랐다. 풀향기 가득 머금은 바람만 살랑였다. 늘 그런 건 아니었구나, 안도했다. 청명한 하늘과 반짝이는 바다를 휘둘러보고 몇 걸음 더 오르면 자그마한 평지가 펼쳐진다. 아담한 터에 네모난 돌탑이 주인공처럼 앉아 있는 곳, 손봉이다. 시골집 돌담처럼 소박한 돌탑 곁 너럭바위에 걸터앉아 짧은 등반의 여운을 만끽한다. 겹쳐 쌓은 납작한 돌탑은 탑이라기보다 제단인 듯하다. 점점이 떠 있는 묘박지의 배들을 굽어보며 한담을 나눌 때면 손봉을 품은 봉래산의 매력이 배가된다.

간만에 찾은 반가움 때문이었을까. 지린내 날려버린 상쾌한 바람 덕이었을까. 아니다, 늘 바다로만 향하던 시선이 산으로 향했던 거다. 돌탑에 얌전히 기대선 갈빛 빗자루, 금세 쓸고 세워 둔 것처럼 누군가 사용한 기척 그대로 작은 나무 아래 새초롬히 서 있는 건 분명 싸리비였다. 생각지도 못한 곳에서 마주한 빗자루가 생경했다. 눈을 비비며 확인하면서도 생뚱맞아 보였다. 산마루 중턱일 뿐, 쓸고 닦아야 할 공간으로 여겨본 적 없는 터였다. 언제부터 있었을까, 주변을 둘러보지만 고요하다.

둘레길을 걸을 때면 종종 눈에 띄는 쓰레기들이 거슬렸다. 마음으로는 여러 번 그 쓰레기를 치웠지만 서둘러 걷느라 잊기 일쑤다. 어느 날은 배낭에 넣어둔 비닐 봉투를 떠올리지도 못하고 돌아온다. 다음을 기약하며 넣어 둔 비닐봉지가 아직 작은 배낭에 들어 있을 것이다. 반짝이는 기분으로 나서던 숲길 산책이 뜸해져 가는 동안 동네산을 가꾸는 건 우리 모두여야 한다는 인식도 희미해지고 있었다. 그런데 싸리비를 만났다. 정성스러운 손길, 지극한 마음이 우선이라는 걸 일깨우는 풍경이었다. 그랬다. 손봉을 쓸고 닦는 손길, 탑 같은 제단을 정갈하게 돌보는 마음이 있었다. 두 손을 맞잡은 간절한 기도가 담긴 봉우리였다. 기도는 쓸고 닦는 마음에서부터 시작되는 것이었다.

아침 산책길에 쓰레기를 줍기 시작했다. 어느 날 마주친 한 여성으로 인해서다. 종종 가져본 생각을 실행하지 못했는데 그녀를 따라 용기를 냈다. 허리를 숙이고 무릎을 굽혀 쓰레기를 주웠다. 그녀의 손길에 공원 둘레가 깨끗해져 가는 동안 나는 건너편 화단과 정류장에 떨어진 꽁초를 줍고 수국에 걸린 비닐을 걷었다. 비탈진 골목길을 거슬러 오르며 버려진 것들을 주웠다. 골목 입구 빈터엔 깨진 병이 쓰러져 있고, 작은 흙무더기 사이엔 꽁초와 비닐, 일회용 컵

들이 비집고 있었다. 압도적으로 많은 건 담배꽁초였는데, 아직도 길바닥에 무심히 버리는 게 의아할 뿐이었다.

늘 이용하는 길 대신 가로질러 가는 비탈길을 선택했던 처음, 그 길은 그저 골목이었다. 골목을 사이에 두고 나란한 몇 동의 빌라와 주택에서도 마찬가지였는지 자잘한 쓰레기들이 많았다. 조용히 쓰레기를 줍고 난 다음 날의 골목길은 한결 깨끗할뿐더러 친근하기까지 하다. 길 따라 나란한 집들도 정겹다. 조금씩 용감해질 요량이다. 오지랖이라고 머뭇거리지 않고 마음이 시키는 대로 해보기. 마음 따로 실천 따로인 나를 위한 처방이자 다른 사람은 모르지만 나는 아는, 말끔해진 모퉁이가 주는 뿌듯함은 내 몫이니 말이다. 손봉을 지키는 싸리비처럼 나도 한 손을 내밀고 골목길을 걷는다.

게송 한 줄도 못 외워 쫓겨난 주리 판타카에게 주신 부처님의 처방은 매일 쓸고 닦으라였다. 그 말씀을 한결같이 따랐던 판타카는 문득 깨달음에 이르고 경전을 줄줄 외게 된다. 예불을 드리듯 지극한 마음으로 쓸고 닦은 덕분이며, '왜 빗자루로 마당을 쓸어야 하는지?'를 끊임없이 물었던 때문이다. 그의 기도는 오직 쓸고 닦기였다. 깨끗해지길 바라며 쓰레기를 줍기 시작할 때, 정결한 제단을 위해 빗자루를 들어 올릴 때 우리의 기도가 시작된다. 모두를 위한 안녕의 길목에 환한 불이 켜진다. 손봉의 싸리비는 첫 새벽에 올리는 기도이며, 산책길에 버려진 것들을 줍는 건 나의 기도다.

어쩌면 그곳은

"어루만짐 또한 치유력이 있다. 접촉은 이야기하기처럼 친밀함과 근원적 신뢰를 형성한다. 촉각적 이야기로서 접촉은 고통과 질병으로 이끄는 긴장과 막힘을 풀어낸다."[1]

그래서였을까. 등을 어루만지는 손길이 따뜻함을 넘어 마음을 촉촉하게 했던 건. 동향의 향수인 줄 알았더니 손과 등의 접촉, 그 어루만짐의 치유력이었나보다.

오랜 노동으로 굽어진 허리가 우리네 어머니를 닮은 주인장의 음식엔 어쩐지 고향 내음이 배어 있었다. 아니나 다를까 동향분이었다. 엄마가 만들어주시던 간장게장이 떠올랐던 것일까. 부산 원도심 골목에서 만나는 고향의 향취에

[1] 한병철, 『서사의 위기』, 다산초당, 2023, 119쪽.

끌렸다. 지역정서를 구분하거나 판단하는데 반발하면서도 저절로 이끌리는 마음이 있다. 아직 낯선 경상도 말씨 사이에서 무뚝뚝한 전라도 억양에 고개를 돌릴 때처럼 마음이 기우는 것이다.

엄마 손맛을 떠올리게 하는 집밥을 먹으러 갈 때면 '너무 티 내지 말아요'하는 마음으로 살그머니 의자에 앉곤 한다. 누구에게라도 친절한 응대지만 덥석 등에 얹히는 손길에선 다른 무엇이 전해져 오는 것만 같았다. 다를 바 없이 내어주는 찬에도 다정한 마음 한 줌 더 얹힌 것만 같아 마음이 푸근해지는 것이다. "고향 음식이잖아!" 한 마디는 '니도 알제!'로 들리고, 접시를 비우기도 전에 다가오는 살뜰한 손길에 봄볕 같은 온기가 번진다. 아껴둔 홍시감을 꺼내주던 할머니의 마음처럼, 마당 끝 감나무에 걸리던 햇살처럼.

꼭 집밥인 것처럼, 내가 차려내는 밥상처럼 정성스러운 마음을 보이고 싶을 때면 중앙동 사잇길에 있는 '어머니간장게장' 집으로 간다. 엉뚱한 엄마로 인해 고향에서 객지처럼 혼자살이 하는 아이가 1년여 만에 왔을 때도, 새벽 모임으로 인연 맺은 지인이 부산에 다녀가는 길 잠깐 마중할 때도, 근 40여 년 만에 만나는 친구가 멀리 미국에서 가족들과 함께 왔을 때도 손 붙잡고 간 곳은 그곳이었다. 쫀득한 매생이전이나 노란색 늙은 호박전으로 입가심을 하고 나면 노릇노릇 구워진 큼지막한 생선과 한입 가득 씹히는 버섯 조림, 좋아하는 갓김치와 갖가지 찬으로 푸짐하다. 매일 다르게 끓여내는 국은 푹 끓인 미역국일 때도 좋고 구수하고 달큰한 시락국일 때도 좋다.

마파람에 게 눈 감추듯 한 그릇 뚝딱 비우고 나면 구수한 숭늉이 기다린다. 숭늉의 누룽지까지 싹싹 긁어먹고, 한 그릇 더 청할라치면 이미 갖고 오실 때가 많다. 남겨야겠다고 생각하지만 늘 깨끗이 비운다. 아랫목에 묻어둔 따뜻한 사랑을 내어주시던 할머니를 뵈러 가듯 집밥이 생각나거나 먹이고 싶을 때면 찾는 아끼는 맛집이다. 손맛 좋은 그곳이 있어 든든하다. 실토하자면 그분이 등을 쓸어주는 손길, 그 어루만짐이 더 좋은지도 모르겠다. 어쩌면 그곳은 나의 소울 플레이스일지도.

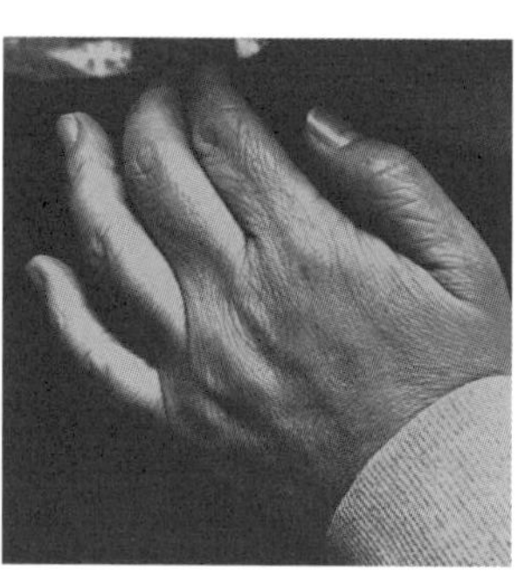

고구마의 계절

겨울 초입 메주콩을 삶을 때면 부뚜막이 뜨겁게 달궈진다. 커다란 가마솥이 마당에 걸리고, 잘 마른 장작개비가 타닥거리는 소리 따라 불꽃이 너울거린다. 푹 무르도록 삶아야 해서 꽤 긴 시간 아궁이를 지키는 엄마와 고모 곁, 우리가 기다리는 건 고구마였다.

콩을 삶는 중간에 고구마를 넣는데, 하얗게 김을 피워 올리는 가마솥에서 쪄낸 고구마는 단물이 줄줄 흘렀다. 흐물흐물해지기 직전 금세 바스라질 것 같지만 부서지지는 않을 정도의 절묘한 순간, 뜨거운 김을 후후 불면서 커다란 고구마를 뚝딱 먹어치웠다. 노오란 속살은 촉촉하고 달았다. 고구마 자체의 단맛을 최대치로 끌어낸 달달함에 겨울이면 메주콩 삶는 날을 기다리곤 했다.

어린 시절 고구마는 겨울 양식이었다. 지금처럼 내다 파는 품목이 아닌 순전히 우리 몫이었다. 늦가을이면 안방 윗목에 고구마광이 만들어진다. 나무 기둥을 세우고 대나무로 얼기설기 엮은 다음 천막 비닐로 바닥을 깔았다. 깊어가는 겨울 따라 비어가는 고구마를 꺼낼 때면 까치발을 하고서도 팔을 깊이 내리느라 몸을 길게 늘여야 했다. 한껏 굽혀야만 바닥의 고구마를 꺼낼 수 있었다. 방학을 맞은 우리는 고구마를 간식 삼아 주식 삼아 겨울을 났다.

주로 찐 고구마였지만 빼때기도 있었다. 삶은 고구마를 잘라서 말리면 단맛이 더해지고 쫀득하기까지 해서 특별 간식이었다. 생고구마를 잘라서 말린 빼때기는 벼농사처럼 수매를 하기도 했다. 동글납작하게 자른 고구마를 밭에 펼쳐서 널고 저녁이면 거둬들였는데, 주로 아이들의 일거리였다. 동생과 함께 납작하게 잘린 고구마를 포대에 담았다가 다음 날 아침에 다시 널어놓기를 반복했다. 서로 농땡이를 부리다가 엄마한테 혼이 나기도 하고, 친구들과 놀이에 빠져 오지 않는 동생을 미워하기도 했다. 어떤 저녁엔 달빛 아래 거둬들이기도 했다. 하얀 달빛 아래 허연 고구마는 눈에 잘 띄지 않아서 헛손질을 하기 일쑤였다. 미루다가 낭패를 당한 셈이다.

10여 년 전 통영 여행 중에 빼때기죽이 눈에 들어왔다. 반가운 마음에 서둘러 주문했지만, 추억 속 달콤함이 아니었다. 푸르뎅뎅 보랏빛은 침샘을 돋우는 대신 일종의 도전이었다. 고스란히 남기고 일어서는 마음이 싸했다. 과자처럼 들고 다니며 먹던 쫀득한 빼때기를 더 좋아했던 때문일 수도 있지만, 겉모습만 흉내 낸 빼때기죽이 담지 못한 건 할머니의 애정, 엄마의 손맛이 아니었을까. 그 겨울 찐고구마를 잘라 며칠 바람 그늘에 말려 보기도 했지만 맛은 흉내 낼 수 없었다. 되살리지 못한 미감은 회상으로만 혀끝에 감돈다.

옥탑방에서 겨울을 나던 해 매일 아침 양면팬에 고구마를 구웠다. 메주콩 솥에 쪄낸 고구마와 가장 비슷한 맛을 내는 건, 입을 꾹 다문 두툼한 팬에 적절한 세기의 불로 맞춤한 시간 동안 굽는 몇 개의 고구마였다. 메마른 담백함보다는 촉촉한 말랑함이 좋은 나는 밤고구마가 아닌 물고구마여야 했다. 아침 세수를 하는 10여 분이 딱 적당했는데, 팬이 답답하지 않도록 충분한 여백을 두는 것도 중요했다. 두 박스를 거뜬히 비우는 겨울을 지나는 동안 토실토실 살이 올랐다. 내게 천고마비의 계절은 가을이 아닌 겨울이었다.

어느 해 가을에 만난 호박고구마는 애초부터 노란빛을 품고 있었다. 노란 메주콩 사이에서 저절로 노르스름해지던 색깔과는 달랐지만 얼마간의 촉촉함과 색감이 아쉬움을 달래주었다. 시장에 내다 팔 수 없어 지인 찬스로 건너오던, 작고 볼품없는 것들을 가마니째 들여놓을 때면 고구마 광이라도 들이는 기분이었다. 두어 해쯤 알뜰했던 맛은 고구마의 인기가 높아지면서 우리 차지가 되지 못했다. 팔아주면 좋겠다는 권유는 애써 미리 해야 하는 부탁으로 바뀌어 갔다. 들쭉날쭉 제각각이어도 가마니 대신 네모반듯한 상자에 담겨 몸값을 높여 갔다. 호박고구마뿐 아니라 한 발짝 뒤로 물러나던 밤고구마 역시 마찬가지여서 상자째 들이는 일은 가까운 지인의 농사를 지지하거나 초보 농사꾼을 응원할 때로 한정된다.

만만한 먹거리가 아닌 먼 그대가 되어가지만, 비싸졌다는 푸념 대신 몸값 높아진 고구마가 기특하다. 달콤함으로 우리를 살찌우던 고구마가 이제야 인정을 받는 것만 같아서, 유년의 겨울을 함께 지나온 어릴 적 친구를 만난 것처럼 환한 낯빛이 되곤 한다. 집 앞 마트에서 몇 개의 고구마를 골라 담을 때면 뒷산 중턱에 있던 고구마밭의 이랑이 겹쳐진다. 쟁기를 미는 동생 뒤에서 고구마를 주워 담던 그때가 아련하다.

이제는 연중 볼 수 있지만 그래도 고구마는 겨울이다. 비싼 몸값을 치르고서라도 올겨울엔 한 박스 들여야겠다. 달빛 떨어지는 저녁, 함께 빼때기를 주워 담으면서도 저만치 떨어져 있던 동생과 나란히 앉고 싶다. 따끈한 김이 오르는 고구마 바구니 앞에 두고 동치미 사발 옆에 두고 미뤄둔 이야기를 나누고 싶다.

나의 도토리

넘치는 책장, 책장을 벗어난 책들, 두서없는 선반 속 터질 듯한 파일함, 미처 자리를 찾아들지 못한 자료들과 기한 지난 교재 그리고 정리되지 않은 노트들.

아무래도 정리 정돈에 서툰지라 중간중간 들이는 수납 도구 역시 금세 넘쳐난다. 오래 뜸 들인 책상용 서류함은 자료에 묻혀서 형체도 보이지 않는다. 재활용 부스에서 가져온 삼단 서랍장도 한가득, 책상 위 펜 통도 점점 늘어간다. 가지고 있는 연필만도 다 쓰지 못하고 떠나겠다 싶어서 문방구 출입을 자제하기도 했지만, 2,3년 쯤 버틴 필기구 구입은 연필, 색연필을 막론하고 그야말로 장마철 댐 수위 높아지듯 늘어나니 대략난감이다. 며칠 전만 해도 외면하던 삼색 볼펜을 챙겨왔다. 이미 많으니, 하며 슬쩍 내려 둔 욕심은 필기감이 좋다며 건네주는 손길에 저만치 달아났다.

식탁 포함 5개의 책상, 4인용 식탁에 딸린 의자 1세트, 큰 테이블에 맞춰 들인 의자 4개 중 3개, 아이가 쓰던 책상과 세트인 의자 1개, 허리 치유 목적으로 들였던 등받이 없는 의자 1개, 쨍한 빨강색 카우치형 의자에 화장대 앞 납작 의자까지 혼자의 공간에 의자가 11개다. 야외 테이블용 의자도 1개쯤 어느 틈에 접혀 있을 것이다. 지난 2, 3년 사이에 내보낸 의자라야 아이 친구의 자취 살림에 나간 의자 1개, 당근 마켓에 내어 판 듀오백 의자 하나 정도이다.

옷장 또한 넘친다. 어울려 보인다며 건네주는 옷들과 가끔 쇼핑에 들이는 시간이 더해진 옷장은 몇 번의 계절을 지나는 동안 풍선처럼 부풀어 오르기만 한다. 서랍장과 상자 안에서 숨도 쉬지 못하고 계절을 넘긴 옷가지들과 낡고 해진 채로 자리를 차지하고 있는 가방은 망설임과 잦은 힘겨루기를 한다. 들일 때 기꺼운 손은 내보낼 땐 곱아지기만 한다. 옷과 가방만이 아니다. 몇 해 전 태풍에 거실 창을 지키느라 요긴했던 목화솜 이불은 솜틀집에 갈 날만 기다리고 있다. 솜틀집에 가야 할 목화솜은 잃어버린 도토리일까. 찾아낸 도토리일까. 어찌 되었든 변신 혹은 비움의 대상이 될 것이다.

근래에 가장 늘어난 건 책이다. 부지런히 사 모은 책과 선물 받은 책, 구독 중인 간행물까지 책장이 비좁다. 문득 생각난 자료 혹은 책을 찾기 위해 한참을 뒤적일 때가 있다. 장서가에 비해 턱없이 작은 책장이지만 실제로 한번 들인 게 분명한 책을 다시 구입한 적이 있고 헌책방에서 눈에 들어와 집어 왔지만 이미 집에 있는 경우도 있다. 읽기보다 사는 것에 더 즐거움을 누리는 게다. 당연히 마음 한편의 기대는 희망적이다. 기어코 읽어내고 싶다는 다짐은 즐거운 바람이다.

겨울잠을 자는 다른 동물들과 달리 다람쥐는 몸에 지방을 축적해 놓지 않는다. 가끔씩 깨어나 먹이를 먹기 위해 하루 약 200여 개의 도토리를 자주 다니는 동선 여기저기에 묻어 두는데, 여러 곳에 나누어 저장하는 습성 때문에 열심히 모은 도토리의 대부분은 찾지도 못하고 잃게 된다고 한다. 묻어 놓은 것들 중 태반을 찾지 못한단다. 그 도토리들은 수년이 지나는 동안 울창한 참나무 숲을 이루고 다람쥐에게 맛있는 도토리를 제공해 준다. 잃어버린 도토리들이 더 많은 도토리로 돌아오는 것이다.

다람쥐가 잃어버린 도토리, 참나무 숲이 되어 다시 다람쥐의 먹이가 되어 준 그 도토리. 나에게 그 도토리는 무엇일까. 읽다 만 채로 덮어 둔 책, 이해가 되지 않지만 넘겼던 문장들, 생소하지만 선뜻 마음을 내는 한 편의 영화와 꼼꼼히 읽겠다며 쌓아 둔 자료와 책들. 크로키 수업에 귀동냥할 때 들인 작은 수첩과 사각 물감, 다양한 버전의 색연필과 펜들이 나에겐 도토리가 아닐까.

끊임없이 도토리를 모으는 다람쥐처럼 나의 모으기 또한 쉼 없이 이어진다. 귓가를 스친 한 구절, 숨 한 번 내쉬면 흔적도 없이 사라지는 문장은 다람쥐가 잃어버리는 90%의 도토리 중 하나일 공산이 크지만, 잃어버린 도토리가 참나무 숲을 이루듯 샛길에서 만난 나의 도토리들이 어느 날 한 줄의 문장에 고개를 내밀지도 모르는 일. 여러 곳에 잘 숨겨둔 도토리를 찾지 못해 숲을 만드는 다람쥐처럼 어느 갈래에 담았는지, 담기는 했는지조차 잊어버리는 내 도토리들이 알게 모르게 나를 살찌울지도 모른다는 기대를 해 본다.

한 걸음 더하기

오래된 골목 풍경이 좋다. 느리게 가는 기차가 좋다. 새로운 기기 사용에도 더디다. 멀쩡한 핸드폰을 바꿀 이유는 더더구나 없었다. 꿋꿋이 사용하려던 핸드폰을 바꾼 건 모바일 메신저 때문이었다. 일터에서 그룹으로 소통해야 하는 일이 빈번해졌고 꽤 효율적이라고 했다. 처음으로 설치한 앱은 그 무렵 즐겨 듣던 라디오, CBS였다. 주파수를 맞추기 위해 이리저리 돌려가며 듣다가 터치 한 번이면 되니 얼마나 간편하던지, 그 편리함을 만끽했다. 물론 메신저 앱도 깔았다. 오래지 않아 하나둘 더해지는 스마트폰 속 앱과 함께 하는 일상이 시작되었다.

그중 하나인 '빅워크'는 걸음을 기부하는 앱이다. 동네를 살랑거리거나 갈맷길을 걸은 걸음을 기부하면 후원 기업이 매칭된 단체에 대신 기부를 하는 방식이다. 일반 시민이 참여할 수 있는 공개형과 자체적으로 진행되는 기업형 두 가지로 진행된다. 가상의 네트워크, 손에 잡히는 실물이 없는 체계에 대한 이해가 어려운 나에겐 막연하고 답답했지만, 건강하게 걷고 그 걸음으로 기부까지 할 수 있으니 그것으로 흡족했다. 세상 쉬운 방식인데다 돈 없이도 할 수 있는 기부라니, 약간의 품을 들이는 수고를 마다할 이유가 없었다. 당시 갈맷길을 걸으며 알게 된 몇 분께 권유하기도 했다.

“당신의 기부가 나를 뛰게 합니다.” 어느 날 보았던 다큐멘터리, 어린이재활병원 완공 소식을 알리는 이는 기부 천사로 알려진 연예인 션이었다. 힙합가수로만 알았던 그가 어린이재활병원 건립을 위해 2012년 모금을 시작했다고 한다. 연탄 기부에 대해서는 “연탄 기부가 그 전 해보다 50% 줄었다는 기사를 봤다. 누군가는 해야 할 일 아니냐. 그래서 발 벗고 하게 됐다”라며, SNS을 통해 봉사자들을 모집했고 많은 사람들이 그와 함께 연탄을 날랐다고 했다. 어느 겨울 딱 한 번 참여한 연탄배달 경험만으로도 뿌듯해했던 나는 조금 충격을 받았다.

그가 모금을 하는 방법은 마라톤과 철인 3종 경기였다.

션은 이를 통해 기부를 알리고 많은 사람들이 관심을 갖도록 한다고 했다. 그가 열심히 달린 덕에 어린이재활병원이 완공을 눈앞에 두고 있다는 내용이었다. 달리기를 통해 기부하는 이벤트를 들어본 적 있지만 병원 건립까지 이룰 수 있다니 놀랍기만 했다. 그는 이어서 루게릭병 환자를 위한 병원 건립을 목표로 기부를 이어갈 거라고 했다. 나도 무언가 할 수 있지 않을까. 잠깐 생각했지만 어느결에 흐릿해졌다. 기부는 영향력을 발휘할 수 있는 특별한 사람들의 일이라 여기며.

아마도 그래서였던 것 같다. '빅워크'가 반가웠던 건. 누구나 할 수 있는, 특별하지 않은 나도 할 수 있는 것. 부지런히 걷기만 하면 되니 그야말로 일석이조 아닌가. 저녁이면 그날의 걸음 수를 확인하고 기부하며 흐뭇했다. 그런데 어쩐 일인지 빅워크는 자주 멈췄다. 지원 단체와 후원 기업 연결이 만만치 않은지, 가끔은 걸음이 쌓여도 기부할 곳이 없었다. 진행하는 누군가의 수고는 어떤 보상이라도 있는지 염려가 되고 힘이 빠지는 것 같아 안타까웠다. 새로운 소식이 뜸하고, 보내지 못한 걸음은 쌓여갔다. 나 역시 들이는 품이 시들해졌다. 시름시름 앓듯이 기운을 잃어가는 앱을 지웠다. 그리고는 잊어버렸는데, 이런저런 걷기 앱을 소개받고 하나둘 늘려가는 중에 궁금해졌다. 반갑게도 자리를 지키고 있었다. 씩씩하게 운영되고 있었다. 3년여 만인 작년 7월부터 다시 내 걸음은 빅워크를 통해 기부된다. 가끔 잊어버리거나 놓치는 날도 있지만 하루를 마무리하는 루틴이 되었다.

주변에서 소개해 준 앱 중엔 걸음을 돈으로 환산하는 것들이 꽤 많다. 스마트폰을 더 사용하게 되는 폐해에 지워버리기도 하지만 자주 유혹을 받는다. 뱅크앱도 걸음 수에 따른 보상을 주어 한참 따라 했다. 하루 만 보 걷기를 목표로 해 둔 터라 기왕에 걷는 걸음을 푼돈으로나마 바꾸는 재미에 가랑비 옷 젖는 줄 모르고 빠져들었다. 커피 한 잔 값 모아보겠노라며 3원, 5원 모으는 건 더디기만 해서 시간 효용을 생각하지 않을 수 없지만, 빅워크에 걸음을 기부하는 그래프는 선명해서 성취감도 있다. 일정 기간이 지나면 마무리되고 다른 활동이 열린다. 다시 만난 이후 꾸준히 참여하고 있다.

2023년 7월 이후 기부한 걸음 수는 소나무 206그루가 1년 동안 흡수할 수 있는 탄소를 줄였으며, 4인 가족이 200일 동안 사용하는 전력량만큼 에너지를 절약했다고 알려준다. 내가 주로 기부하는 분야는 '환경과 아이' 순으로 현재는 '따뜻한 마음의 아이 사랑꾼'이다. 올해는 발을 다쳐 걷기를 줄이는 바람에 아쉬움이 있지만, 여전히 내 걸음은 탄소를 줄이고 에너지를 절약하는 수치화된 자료로 가시화된다. 충전하느라 사용한 에너지와 부산하게 스마트폰을 여닫으며 들인 시간과 흩어진 집중력은 순전히 사용자의 주의 사항이 요구되지만 나름 만족스럽다. 현재는 만보기와 빅워크 두 개의 앱이 걸음 동무다.

세상살이에 서툰 중에도 나름의 기준을 정한 게 있다. 소소한 기부를 놓지 않는 것이다. 세이브더칠드런 기부는 딸이 초등학생 때 아이 이름으로 시작했고, 이 동네에 와서는 낯선 외지인을 환대해 준 마을 카페 운영 단체에 그야말로 커피 한 잔 값을 보탠다. 1년에 한 번도 가지 못할 때도 중단하지 않았다. 수년 전 감정코칭 수업을 받았던 알레이시오에 감사의 마음을 보낸다. 소소한, 그야말로 마음을 보태는 것이다. 이곳에서 늘린 자투리 후원 대신 이전에 살던 곳에서 하던 것을 줄이긴 했다. 가용 범위 내에서 조절한다.

그럼에도 늘린 곳이 있는데, 몇 년 전부터 계획했던 생명넷과 1년에 한 번씩 챙기는 4 · 16과 5 · 18이다. 4월과 5월, 최소한 10년은 하자는 약속이다. 굳이 왜냐고 묻는다면, 그 찬란한 봄날이 잊히질 않아서 문득 먹먹해지기 때문이고, 청춘 시절을 보낸 광주, 망월동에 빚진 마음 때문이라고 해야겠다. 생명넷도 4·16도 10년까지 가지 않았으면 좋겠다는 바람은 개인적인 부담 때문만은 아니다. 그리고 다시 10월의 끄트머리를 그냥 보낼 수 없게 되었다. 매일 블로그에 글을 쓰면 주는 해피빈도 나의 작은 기부함이다. 제 앞가림이나 잘 하지 싶다가도 마음이 가는 몇 개의 기부를 이어가려 한다.

그야말로 새 발의 피를 보태는 건 왜일까. 나도 누군가를 위로하고 응원한다는 것에 위안을 얻고자 하는 마음일까. 그게 다가 아니란 건, 내가 보내는 응원이 워낙에 미미한 걸 알기 때문이다. 그저 소박한 일상을 나누는 이웃으로 동무 삼아 걸어가고픈 연대의 마음, 최소한의 인정이다. 콩 한 쪽도 나눠 먹는 마음으로 살아가자는 몸짓이다. 여전히 달리는 선처럼 오늘도 나의 한 걸음을 보낸다.

2부

부산,
들여다보면
보이는 곳들

뉴부산탕

시간이 멈춰버린 걸까. 낡고 들뜬 바닥, 군데군데 벗겨지고 뜯겨나간 마루와 벽지, 틀어진 문짝을 달고 있는 물품보관함, 기우뚱한 세면대. 상강 즈음의 차가운 새벽, 동광동 골목길에서 만난 뉴부산탕은 그 이름과 어울리지 않는 낡은 목욕탕이었다. 오래전 이름 '뉴부산탕'이 멋쩍은 듯, 흐릿해진 간판이 얼른 눈에 띄지 않았다.

옅은 미소가 고운 어르신의 마중에 계단을 올랐다. 작은 쪽문 너머로 표를 받고 다시 반 층을 오르니, 문 뒤로 나무마루 깔린 긴 복도가 이어졌다. 삐걱거리는 마찰음과 함께 걸음을 옮기니 작은 툇마루 같은 공간이 나타난다. 불쑥 마주한 풍경에 나도 모르게 눈을 껌벅였다. 예상을 넘어선 낡은 풍경에 마음이 엉클어졌다. 얼른 표정을 조율해야 했다.

어떤 판단과 단정은 무례하지 않은가. 그분들께는 일상적인 공간일 터, 나 또한 아무렇지 않은 척해야 한다. 안내를 따라 다시 둘러본 실내, 작은 평상 뒤로 문이 없는 휴게실이 빈 상자처럼 입을 벌리고 있었다. 휑한 공간은 찬 서리 내린 들녘처럼 스산했다.

불쑥 나선 길이라 준비가 부족하다는 말에 샴푸를 챙겨 주고, 당신이 쓰던 로션까지 건네주고서야 등을 돌려 나가신다. 요즘 목욕탕에선 쉽게 살 수 있는 것들이지만 이곳엔 판매대가 아예 없다. 허름하고 고요한 공간에 혼자 남겨진 나, 어쩐지 버려진 기분이 되어 두리번거린다. 가방이며 옷을 넣기 위한 보관함은 제대로 닫히질 않고, 덜렁이는 문을 여미는 손끝만 허공을 더듬는다. 시간의 삭풍에 닳고 닳아 거죽만 남은 공간이 울적하다. 그 공기를 깨뜨리며 두런두런 흐르는 소리, 불투명 유리문 사이로 비어져 나오는 작은 소곤거림이다.

크고 깔끔한 대형 사우나에 익숙해진 시선이 궁색한 모습에 흩어진다. 오랜 단골은 벗은 몸으로 누워서도 이런저런 이야기를 친근하게 나누게 되는가 보다. 소곤거림의 주인공 두 사람은 때를 밀어주는 세신사와 손님이었다. 고개를 돌려 반대편을 보니, 서너 명이 들어앉으면 어깨가 닿을 것 같은 냉탕과 온탕이 나란히 있고, 그 앞에 바가지로 물을 퍼서 쓰는 폭이 좁고 길쭉한 온탕이 있다. 그리고 한쪽 벽면에 예사롭지 않은 기계가 서 있다. 언젠가 통영행 새벽 아침 목욕탕에서 처음 봤던 그것, 때밀이 기계였다.

초록색 이태리 타올을 뒤집어 쓴 동그란 회전판에 자꾸만 눈이 간다. 한번 사용해보고 싶어진다. 언제 또 마주치게 될까 싶으니 그 마음이 더 커진다. 쳐다보기만 하고 나왔던 예전의 아쉬움까지 더해지니 꼭 사용해봐야 했다. 재밌는 놀잇감을 향해 걸음을 떼는 아이처럼 기계 앞으로 다가갔다. 묵은 시간의 흔적 사이로 겹겹의 청색 테이프가 기계를 감싸고 있다. 삐뚤한 글씨로 쓰인 안내문을 따라 스위치를 올려봐도 반응이 없다. 낯선 이를 알아보는 것마냥 무심하다. 헐거운 기계가 망가질세라 조심스럽게 다시 또다시, 몇 번의 시도 끝에야 윙~! 숨을 토해내며 돌아간다. 엉거주춤 등을 붙이고 선 시간이 길었던 것일까. 척추뼈 사이쯤에 벌겋게 긁힌 자국이 얼룩으로 남았다.

고물상에 있더라도 이상할 것 없는 물품들과 성한 곳을 찾아볼 수 없는 공간은 그럼에도 불구하고 제 역할을 포기하지 않고 있었다. 여전히 제 기능을 하는 비품들과 공간이 힘을 합쳐 버티고 있는 그곳은 시간이 멈춘 곳이 아니라 함께 흐르는 중이다. 목욕탕을 아지트 삼아 생의 한 시기를 건너온 사람들과 함께 나이 들어가는 중이다. 낡고 삭은 겉모습이 안타깝지만 애틋한 마음으로 닦고 또 닦으며 함께 늙어가는 곳, 덜덜거리는 때밀이 기계가 제 역할을 하는 곳, 안쓰럽고 애잔한 곳이 아니라 긴 시간의 기억을 간직한 사랑스러운 공간, 문 앞까지 마중 나온 따뜻한 마음이자 가을 찬 바람에 스며드는 한 조각 쓸쓸함을 녹이는 곳.

그 아침의 뉴부산탕이 내게 말한다. 자연의 순리대로 낡아가는 중이라고, 낡다 못해 찌그러지고 떨어져 나간 그대로 제 역할에 충실한 모습 그대로 이미 충분하다고. 생기 가득 담고서 생을 시작한 우리가 기름기 쫙 빠진 몸으로 바뀌어 가는 것처럼 반짝반짝 태어났던 '뉴부산탕' 역시 제 몫의 시간을 건너고 있다.

반짝이는 새것이 좋은 것이라고 여긴 건 내 기준이 아닌 타인의 기준, 이를테면 자본의 기준. 낡은 것들은 버려지고, 늘어가는 주름 대신 동안을 좇게 하는 것. 하지만 사람도 물건도 낡아가는 건 자연의 이치 아닌가. 자연스러운 주름이 더 편안한 나는, 순리대로 낡아가는 것에 순응하는데 그 마음을 팽개쳐두고 부화뇌동하고 있는 건 아닌지.

뉴부산탕이 말 그대로 '뉴'부산탕이었을 때, 동광동 골목은 왁자지껄 활기찬 아이들 목소리가 넘쳤을 것이다. 골목길이 좁은 줄 모르고 어우러져 숨바꼭질을 했을 것이다. 어느 날 처음으로 피아노 학원에 가고, 갓구운 고소함에 이끌려 빵집으로 향했을 것이다. 지금도 남아 있는 작은 빵집이 그때는 무척이나 컸을 것이다. 골목 한 귀퉁이에서 낡아가는 것들은 그러나 사라지지 않는다. 우리의 기억 속에서 시든 줄기의 아슬한 생명력은 겨울을 지나고 봄을 맞는다.

모든 것은 시들어간다. 낡고 시들어가는 늙음은 찬란한 한 시절을 지나온 흔적이다. 그 흔적이 각별한 애정과 그리움으로 우리를 이끈다. 설 무렵이면 버스를 타고 읍내 목욕탕에 가는 게 연중행사였던 때, 출입문 앞에서부터 뿌연 김이 서렸던 우리들의 목욕탕이 딱 이 모습이었을 것이다. 오래된 동네를 지나칠 때 남아 있는 가게들을 한 번 더 쳐다보는 마음처럼, 어느 날 들른 그곳에서 구부러진 허리를 일으키는 할머니 모습에 뭉클해지는 것처럼. 세월의 생채기 그대로 의연한 뉴부산탕이 대견하다. 수고 많았다고 등을 쓸어주고 싶다.

뉴부산탕

그런 만남이 있었다

중앙동 40계단 근처엔 오래된 밥집들이 많다. 원도심이 낯설던 때 처음 나선 모임이 펑크 난 날, 바람맞은 참여자는 나만이 아니었다. 초면의 그녀가 근처 식당으로 이끌었다. 맛있는 된장찌개가 오천 원, 한 상 정갈하게 차려진 밥상이 오천 원이었다. 깔끔한 찬 몇 가지에 무 한 토막 들어있는 생선조림까지 단번에 맘에 들었다. 맛이 먼저였는지 착한 가격이 먼저였는지 살짝 헷갈리지만 여전히 그 식당은 건재하고 가끔 찾아가면 반겨주는 주인장의 인사가 반가운 곳이다. 몇 년 사이 가격은 올랐지만 상차림은 별반 달라지지 않았다. 한 집 한 집 늘려가는 원도심의 맛, 실망하는 일은 거의 없다.

가리는 것 없이 잘 먹는다. 딱히 못 먹는 음식도 없다.

꺼리는 음식은 있지만 맛의 문제라기보다 심리적인 문제다. 몇 번 먹어보지 않은 음식 중에 순대국밥이 있다. 도심지에 흔한 메뉴인데도 자발적으로 순대국을 먹은 적이 없다. 지인들과 두어 번 간 것이 전부였다. 이곳 부산의 특별한 메뉴인 돼지국밥을 먹으면서 순대국과 무엇이 다른지 차이를 느낄 수 없었다. 비슷한 음식, 나에겐 같은 음식이었다. 뿌연 국물에 담긴 순대와 내장, 누린내가 났다. 부산의 음식이라서 지인들의 방문길에 소문난 돼지국밥집을 찾아간 적이 있고, 유명한 할매국밥집을 동네 친구와 함께 다녀오기도 했지만 아직은 찾아 먹는 맛이 아니었다. 가까운 봉래시장의 국밥집을 찾은 것 역시 일종의 도장깨기였다.

아마도 삭힌 홍어에 익숙해지는 것과 같은 것일까. 내게 익숙해진 돼지국밥은 한 곳이니, 어쩌면 그곳 주인장의 손맛일지도 모르겠다. 겨울 찬바람의 퇴근길에 따끈한 국물을 먹자며 이끈 곳은 중앙동 '부광돼지국밥'집이었다. 이 골목을 다닌 지 제법 되었는데도 돼지국밥집엔 가본 적이 없었다. 별로 좋아하지 않는다는 말은 입 밖에 내지 않았다. 주인장의 경쾌한 목소리가 날아갈 듯 인사를 건넸다. 심플한 메뉴만큼이나 입구의 주방은 간소했다. 한쪽엔 뚜껑을 열면 김이 오르는 큰 솥이 걸려 있고, 도와주는 한 사람이

다였다. 신기하게도 누린내가 없었다. 그러니까 내 입에 맞은 거다.

예닐곱 개의 테이블엔 식사 시간이 아닐 때라도 늘 손님이 있었다. 겨울이 지나는 동안 자주 저녁 삼았다. 따끈한 국물에 부추 듬뿍 넣어서 한 그릇 뚝딱 비우고 나면 딱딱해졌던 마음이 풀리는 듯했다. 따뜻해진 몸을 일으켜 나설 때면 다시 건너오는 사장님의 '솔'음의 목소리와 환한 미소가 배웅했다. 나이를 가늠하는 데 서툴러서 50대인지 60대인지 어림되지 않았지만 당신 손으로 만들어 내는 음식에 대한 자부심이 느껴졌다. 자신감이라고 해야 할까. 그 기분에 전염되듯 나도 기운이 났다. 기분이 유쾌할 때나 썩 유쾌하지 못할 때도 따끈한 국물은 위로가 되었다.

꽃샘추위 무렵이었을까. 점심이 많이 늦어진 날이었다. 일을 돕는 아주머니가 바뀌어 있었다. 나이가 꽤 많은 분이었는데 아마도 하루 품으로 오신 듯했다. 다음에도 일하러 오시라며 연락처 남겨달라는 이야기를 나누고 있었다. 연세가 꽤 많아보이는 어르신이 하루치 일을 하러 나오셨구나, 다시 찾겠다는 말을 전하시는구나, 따뜻한 국밥을 기다리며 조용히 귀를 기울였다. 일을 참 잘하시네요, 호감 내지는 응원을 표하는 모습에 공연히 코끝이 시큰해졌다.

찬바람이 덜했는지, 봄이 성큼 다가왔던지 한참을 국밥집에 들르지 않았다. 날이 푸근해지는 동안 잊고 있었다. 어느 날 스치듯 지나가는 소식을 들었다. "부광돼지국밥 사장님이 돌아가셨다네요." 엇?, 그러고 보니 얼마 전 지나는 길에 휴무 안내문을 본 기억이 났다. 대체로 주말에 쉬는 골목이라 평일엔 쉬는 곳이 없기도 하지만, 문 닫은 걸 본 적이 없는데 무슨 일일까 궁금한 마음으로 지났던 터였다. 그러고선 금세 잊었던, 그런데 돌아가셨다는 것이다. 얼마간 문을 닫았다가 아드님이 가게를 이어간다고 했다.

찬 바람이 가슴을 훑고 갔다. 아, 그렇게 명랑한 표정으로 맞아주셨는데, 언제나 한 톤 높은 인사를 건네셨는데, 오랜 단골을 맞듯 푸근했는데, 이제 뵐 수 없는 것이다. 서운함이 밀려왔다. 내가 먹은 돼지국밥의 8할 이상이 그분이 끓여 내주신 건데, 코끝을 스치는 누린내 없이 맑고 담백한 국물에 어느새 익숙해지고 있었는데, 피곤한 저녁이면 불쑥 생각나곤 했는데, 갑작스러운 이별이 가까운 이를 떠나보낸 듯 허망했다.

밥을 내어주는 주인과 손님의 관계일 뿐이지만 건네는 따뜻함에 고맙다는 인사를 하지 못한 아쉬움이 컸다. 그저 익숙한 감사의 인사를, 입에 밴 감사를 표했을 뿐 마음을 담은 고마움을 전한 적이 없었다. 언제라도 볼 테니, 찬바람 스산한 어느 저녁 불쑥 들러도 어김없이 환한 낯으로 '어서 오세요.' 할 테니, 미뤄둔 인사였다. 어제와 같은 일상이 당연하리라 여겼던 나는 이따금 그 환한 인사를 떠올린다. 어떤 인사도 전할 수 없는 그분에게 뒤늦은 감사를 전하는 마음으로.

일상의 한 조각을 나누는 시간, 무심하게 건너는 풍경 속 인연들을 생각한다. 다음에 보자는 인사를 의심 없이 건네면서 지나는 시간, 내일도 틀림없이 볼 거라 믿는 가벼운 배웅 속 얼굴들. 마음만 내면 언제라도 볼 것이라는 전제가 자연스러운 만남들. 감사는 나중으로 미루고 짜증이 먼저인 마음들. 그 환한 인사를 떠올리며 생각한다. 다시 보지 못할 것이라는 마음으로 지금 내 앞의 한 생을 마주해야겠다. 일상의 마주침에 감사하며 순한 마음으로 안부를 전해야겠다. 인연들에 감응하며 살아야겠다.

오랜만에 들른 첫 집의 된장찌개는 여전히 소담하고, 반가운 인사는 덤이다. 어느 곳보다 자주 점심을 내어주는 곳은 '일광분식'이다. 흰머리 수굿한 두 분이 나란히 챙겨주시는 김밥은 물리지도 않는다. 지나는 길이면 건너편에서도 눈인사를 드린다. 나의 일등 냉면 맛집도 그곳에 있다. 낮선 객이었던 나는 어느덧 골목에 익숙해져 갔다. 친근한 안부를 건네며 하루가 지나간다. 서로의 안녕을 기도하는 마음을 나눈다. 다시 찬 바람의 계절이다. 조만간 미뤄둔 인사를 안고 따뜻한 만남이 있는 골목으로 가야겠다

동갑내기, 보수아파트

5개 동, 406세대의 보수아파트는 민주공원을 품고 있는 해발 169m의 보수산 경계에 걸쳐 있다. 1969년생으로 50대 중반을 지나는 나와 비슷한 나이이다. 요즘에야 산을 헐어서 아파트를 짓는 게 예사이지만, 이 오래된 아파트가 산에 지어졌다는 건 조금 각별하다. 자연을 정원 삼던 선조들의 마음을 닮은 누군가의 아이디어였을까. 양쪽 끝 오솔길은 산으로 이어진다. 키 높은 편백나무가 줄지어 선 산책로와 겹벚꽃을 보러 일부러 찾아가는 산책로가 뒤뜰에 있다. 낡은 아파트의 산책로는 분명 1등급임에 틀림없다.

일렬로 나란히 선, 만 55년이라는 세월의 풍화에 견뎌온 보수아파트의 삭은 외피를 올려다보다가 문득 내 몸을 내려다본다. 탄력 잃은 근육은 힘이 없고, 희끗희끗 흰머리가 늘어가는 지나온 시간의 흔적들을 본다. 힘들다 투정 부렸지만 그래도 난 편했구나. 크게 상한 데 없는 나와 달리 온몸으로 품어내느라, 누군가의 삶의 모퉁이를 지키느라 쇠락해진 모습에 숙연해진다. 허물 벗듯 들뜨고 일어난 외벽, 여기저기 허물어진 벽면, 뚫리고 구멍 난 자욱들에 아득해진다. 비틀리고 가느다란 앵글 난간 위 항아리가 위태로워 보이고, 또르르 말린 빨랫줄 끝엔 바랠 대로 바랜 집게들이 또아리져 있다.

해광고 교문으로 이어지는 긴 마당 한쪽에 늙은 향나무가 서 있다. 겹겹이 층을 이룬 껍질들이 손만 대면 부스러질 듯하다. 긴 시간을 마주 서서 닮아간 것처럼 군데군데 들썩하게 일어난 아파트 외관과 흡사하다. 향나무들 사이엔 도심에서 보기 어려운 리어카가 세워져 있고, 누군가의 외출 길을 점검해 줄 전신 거울도 비스듬히 서 있다. 동 사이를 잇는 틈새에 사각의 단층 건물이 이름표 마냥 제 역할을 큼지막하게 써 붙이고 앉아 있다. 바다를 끌어오기라도 하고 싶었던 걸까, 입주민들의 눈에 잘 띄라고 고른 색일까. 짙은 파랑색이 눈에 확 띈다. 오래 그 자리에 있었을 게 틀림없는 건물엔 '보수아파트 관리조합사무소' 간판과 '아파트 부동산 중개사무소' 간판이 나란히 걸려 있다. 어쩌면 사랑방이기도 했을 듯하다. 닫힌 문 너머에선 어떤 희망을 나누었을까.

나란히 선 아파트를 올려다보는 시선에 가장 먼저 눈에 들어온 건 '코모도서점' 간판이다. 셔터가 굳게 내려져 있지만 뭉클함이 밀려온다. 아파트 1층에 서점이라니, 그 시절의 서정에 가슴이 뜨끈해진다. 가운데 동의 높은 1층엔 슈퍼가 있다. 노란 간판에 걸린 '만물슈퍼'의 붉은 글씨가 선명하다. 구불구불 돌아가는 길 아래에 대형마트가 즐비하지만, 아파트 주민들이 가장 많이 찾는 구멍가게일 것이다. 어떤 물품이 가장 필요한 건지, 어떤 물품을 가장 많이 구비해 두는지. 문을 밀고 들어가 보고 싶지만, 다음을 기약하며 일행의 뒤꽁무니를 찾았다. 산이 시작되는 곳이라서인지 1층은 디딤돌 삼은 옹벽이다. 그 벽들 역시 낡은 파랑을 한 겹 뒤집어 쓰고 있다. 쓸쓸한 모습인데도 카페라 렌즈를 통과하니 그림처럼 멋진 배경을 선물한다. 아직 건재하다고 말하는 것처럼.

1층 출입구는 을씨년스럽다. 어느 출입구는 최근에 칠한 듯 초록 페인트가 넓게 번져 있다. 구경꾼처럼 수선 피우지 않아야 한다는 마음과 달리 핸드폰을 집어 들고 찍기에 바쁘다. 아파트를 주인공 삼아 찍고, 일행을 주인공 삼아 찍는다. 향나무 둥치를 찍고, 껍질 벗듯 일어나는 비스듬한 벽면을 찍는다. 기울어진 난간에 걸린 화분을 찍고 반대편 끝에 있는 연두색 외관의 공립 보수어린이집을 찍는다. 규모가 꽤 큰 걸 보니 예전엔 아이들이 많았던가 보다. 낡은 아파트엔 세월을 지나온 사람들만 사는 것 같아 어린이집이 뜬금없어 보인다.

방 1, 화장실 1. 매매 물건 3건, 3천만 원. 집으로 돌아와 보수아파트를 찾아보니 가장 먼저 눈에 들어온 숫자들이다. 3천만 원에 거래가 되는 것인가. 금세라도 헐릴 것만 같은 모습이 위태로워 보이는 한편에서 사고파는 일이 가능한 것일까. 1동 앞에 걸려 있던 안내판에 쓰인 '안전등급 D급(미흡)'은 "거주하거나 통행, 주차 등을 하실 경우 항상 주의하시기 바랍니다. 재난이 발생하였거나 우려가 있을 경우에는 우선 대피 후 신속히 알려주시기 바랍니다." 라는 내용이라고 한다. 거주가 위험한 건물임에도 사람들이 머물고 있는 것인가. 위험을 감수하고서. 또 하나의 안전불감증 아닌가. 마음이 편치 않다.

그럼에도 환히 열린 전망은 욕심나니, 저 아래로 자갈치 시장을 내려다보는 긴 시선에 남항대교와 짙푸른 바다가 들어온다. 탁 트인 전경이다. 마을에서 가장 뒤편에 있던 집 마당에서 하얀 연기 피어오르는 동네를 내려다볼 때처럼, 가파른 경사면 따라 도시의 등이 보인다. 열린 전경 가득 오래된 골목길이 촘촘하게 이어진다. 아파트 단지를 벗어나 내리막길을 돌아드니, 예사롭지 않은 외관의 세탁소가 시선을 끈다. 문 앞에 놓인 낯선 장비는 분명 세탁용일 터, 안팎을 살피며 한참을 머물렀다. 다음엔 세탁물 하나 챙겨와서 들어가 봐야겠다는 마음으로 고개를 돌리니, 나란한 건물에서 내다보던 할머니와 눈이 마주쳤다. 할머니가 키우는 키 큰 화분엔 가지도 달려 있고, 꽃이 핀 방아도 있었다. 키 낮은 가림막에 기대어 반가운 손님이라도 맞는 양 환한 얼굴로 말을 건네시는 할머니와의 수다가 꽤 길었다. 난간에 걸쳐둔 양파는 그대로 있는데, 화분의 과실은 종종 손을 탄다는 하소연이었다. 혼자서 씩씩하게 살아가신다는 말씀에 늘 건강하시라 안부를 전하며 돌아섰다.

보수아파트를 기점 삼아 걸으며 마주한 풍경은 삶의 흔적이자 현재 진행형 삶이다. 지금 여기를 살아가는 우리의 모습과 오래된 시간을 간직한 쓸쓸한 풍경 속엔 이야기들이 가득하다. 종종 말을 건네야 할 과거와 현재다.

*안전 등급 D는 거주 불가로 건물에서 나와야 한다고 한다. 하지만 보수아파트는 여전히 사람들을 품에 안고 있다. 적절한 조처가 있어야 하지 않을까. 한 달에 한두 번 중앙도서관을 찾을 때면 반가움과 염려를 안은 채 마을버스에 오른다.

문화골목을 아시는지요?

부산항대교를 건너는 곳, 이를테면 벡스코나 영화의 전당 혹은 부산문화회관 등에 갈 때면 직행버스 노선을 택한다. 배차간격이 긴 편이지만 시간을 훨씬 단축해주는 이점이 있다. 게다가 부산항대교를 건너는 건 아직 나에겐 여행을 떠나는 기분이다. 높다란 대교를 지나는 동안 왼쪽으론 도시 부산이 반대편으론 태평양이 펼쳐진다. 늘 마주치는 바다는 그것이 태평양이라는 걸 떠올리는 순간 거대한 대양의 장엄함으로 다가온다. 거의 360도의 회전 도로를 뱅그르르 돌아서 오르는 길 역시 롤러코스터를 타는 느낌이라고 해야 할까. 아슬한 감각에 가슴이 쫄깃해지곤 한다.

비가 추적추적 내리는 토요일, 주말 아침의 목적지는 '문화골목'이다. 경성대와 부경대가 이웃처럼 닿아 있는 곳,

그 가운데 살짝 부경대에 치우친 즈음에 자리하고 있다. 2004년 주택 한 채가 음악이 있는 레스토랑으로 바뀌고, 몇 년 후 인접한 주택 네 채를 더해 만들어진 문화 공간이다. 담장을 허문 오래된 가옥이 서로 어깨를 잇고 사잇길을 나누며 다시 태어난 곳, 그곳의 주인장은 최윤식 건축가이다. 2008년 개관 이후, 외부적으로는 변함없이 유지되고 있으며 울타리 안에서는 다양한 실험이 시도된다.

담벼락을 밝히는 능소화를 따라 쓱 들어서니 아직 고요하다. 반가움에 너무 서둘렀나보다. 걸음을 돌려 골목길로 나선다. 금요일 밤의 취기가 내려앉아 있는 골목은 잠에서 덜 깬 듯하다. 부스럭거리는 소리 따라 어슬렁거리다가 담벼락 아래 내어둔 의자를 빌려 앉았다. 비가 오락가락하며 기지개를 켜는 풍경은 동남아 어느 도시에서의 아침인 듯 살짝 몽롱해진다. 띄엄띄엄 지나는 사람들에게서 이곳 역시 누군가에겐 일상의 공간이란 걸 떠올린다. 그사이 도착한 일행들이 자리 잡은 장소는 문화골목의 여러 공간 중 하나인 카페 '다반'이다. '차를 나눠 마시는 친구'란 의미의 다반(茶伴), 주인공을 가운데 모시고 빙 둘러앉았다. 오늘의 주인공에 대한 호기심으로 몸이 반쯤 앞으로 기운다.

풍성한 퍼머머리에 헤어밴드가 잘 어울리는 중년의 남

성은 순식간에 눈길을 사로잡는다. 종종 뵐 때마다 느끼는 카리스마는 목소리에서부터 시작되는 것일까. 카랑카랑한 목소리가 공간을 가득 채운다. 건축가 최윤식 님이 그려낸 공간은 어딘지 그와 닮아 보인다. 그의 안목을 거친 소품들이 시선을 끌고, 낡은 주택을 지탱하느라 세운 지지대마저도 예사롭지 않다. 거침 없는 상상이 어우러진 공간은 조화를 잃지 않는 자유, 그 자체다. 오래된 문은 묵직한 손잡이가 달린 그대로 우리의 차탁이 된다. 찻잔을 들어 올리니 대문을 활짝 열어젖히는 손끝이 보일 것만 같다. 환한 미소로 나를 반기는 누군가를 향해 고개를 든 순간, 찰랑찰랑한 목소리가 물결처럼 흐른다.

나답게 살아가는 사람의 아우라는 늘 주변을 생기롭게 한다. 부산에서 나고 자라 부산에서 공부한 로컬 건축가라는 최윤식 님. 그의 아이디어가 빚어낸 공간을 둘러보며 입을 다물지 못한다. 눈도 귀도 활짝 열린다. 경직된 사고를 깨트리는 그의 작품, '문화골목'에서 호기심 충만한 아이가 잠을 깬다. 현재 이곳엔 극장, 카페, 서점, 소품샵, 노가다(음악 다방), 게스트하우스 등 한 울타리 안에 다양한 장소가 있다. 와인바도 있고, 여행사도 있으며 박물관장이었던 분이 펼친 공부 공간도 있다.

반짝이는 생각을 현실로 옮기는 건 누구나 할 수 있는 게 아니다. 커다란 종탑은 실제 교회에서 사용하던 것으로 옥상에 두어야 하는 물탱크를 소품 삼아 하나의 작품이 되었다. 비가 온 덕분에 처마 밑에 나란히 서서 종탑을 올려다 볼 수 있었다. 게스트하우스 출입문 하나도 밋밋하게 버려두지 않았다. '재미', 최윤식 건축가의 작업에는 이 단어가 들어 있지 않을까. 그가 창조한 공간을 거니노라니 한껏 신난 '재미'가 재잘거리는 것만 같다. 어떻게 이런 공간을 궁리하게 되었느냐는 물음에 '건축가의 본능', 나만의 공간을 남기고 싶다는 원초적인 본능에 가까운 것이었다고 한다.

공간 자체가 하나의 작품이 되는 곳, 건축가의 상상력이 빚은 '문화골목'이 마음을 설레게 한다. 머릿속 세계를 자유롭게 펼쳐보는 건, 한 사람만의 즐거움이 아니다. 그가 열어준 공간에서 자기만의 추억이 쌓여가는 동안 누군가는 자라고 누군가는 미래를 꿈꾼다. 2008년에 '부산다운 건축상' 대상을 수상한 '문화골목'에선 여전히 새로운 실험이 펼쳐지고 있다. 여러 개의 출입로 따라 각자의 취향을 만날 수 있다. 작명에서도 예사롭지 않음이 드러나는데, '노가다'만이 아니라 '용천지랄 소극장'은 한 번 들으면 잊을 수 없다.

그를 처음 만난 건, 몇 년 전 부산의 건축물을 주제로 한 강좌에서였다. 이제는 사라져버린 건물들이 그의 펜끝에서 살아나 섬세하고 날렵한 선 사이로 모습을 드러냈다. 부산의 세관이 저렇게나 멋진 건축물이었구나, 감탄했다. 화재로 사라진 부산역의 모습도 사진이 아닌 그림에서 더 애틋한 그리움으로 다가온다. 건축가는 원래 이렇게 그림을 잘 그리는가요? 우스개 같은 질문에, 만 장쯤 그려보라는 답변이 오래 남았다. 만 장을 그려볼라치면 나도 선을 잘 그리는 사람이 될지도 모르는데, 그를 만나고 온 여운으로 꿈을 꾸어보는 저녁. 어쩌면 그의 꿈이 전염되는 것 같기도 하다.

건축가로서 15년, 문화골목대장으로서 15년을 살아온 그. 지금은 사라진 건축물들을 그리기 시작했고, 세월이 쌓이니 그림들이 제법 많아졌다며 2020년 한 권의 책으로 묶어냈다. 『부산 근대건축 스케치』(루아크, 2020)를 통해 그의 섬세한 그리기를 만날 수 있다. 오래된 것이 낡은 것이 아니라 쓰지 않은 것이 낡은 것이라 말하는 건축가가 그린 풍경들은 <사라진 건축, 잊힌 거리>다. 1910년대 부산항과 들어 올려진 영도다리, 부산대교와 맞바꾼 부산 세관이 그의 손끝에서 옛 모습을 드러낸다. 소실된 부산역과 본 적 없는 예전 부산시청도 만날 수 있다. 1979년까지 자리를 지킨 세관 건물이 허망하게 사라진 이야기는 두고두고 아쉬움을 자아낸다.

부산을 지키는 게 의지가 아니라는 겸양 뒤, 견고한 고집이 느껴진다. 말도 사람도 서울로만 향해야 할 것처럼 여기는 작은 나라에서 태평양을 앞마당 삼은 도시, 내 고장을 지키며 살아가겠다는 선택. 사라진 건축물을 그림으로 담아내고 문화 공간을 만드는 건축가. 골목의 풍경이 우리를 풍성하게 한다는 걸 아는 그가 펼쳐 준 마당에 쉬이 곁을 내어줄 것 같지 않은 깐깐함 뒤 다정이 가득하다. 이 멋진 공간이 건재하면 좋겠다는 궁리를 조곤조곤 나누며 빗소리를 들었다. 잠깐의 방문으로 해소되지 않는 아쉬움, 조만간 다시 방문하자는 우리의 약속이 따로 또 같이 이루어지기를 바라며 골목을 나섰다. 작은 응원을 붉은 능소화에 살짝 얹어 두고서.

3부

영도, 다리 너머로 넘어오면

첫 기억 그리고 다시

갈색빛 감도는 흑백사진, 사진 속 아이 손에 들린 건 뜨개 인형이다. 인형에게 말을 걸던 중이었는지 앞에 선 이를 향해 뭔가 말을 하려던 참인지 살짝 열린 입술이 쫑긋하다. 오동통한 볼이 터질듯한 서너 살쯤의 나를 바라보는 귓가에 엄마 목소리가 들린다. "부산에서 살던 때야." 아스라한 장면들이 머리를 스친다. 짙은 색 나무 마루에 선 아이가 사진 속에서 걸어 나온다. 장면은 바뀌어 대문 밖, 한 길 낭떠러지 같은 제방 아래로 소용돌이치는 물줄기가 흐른다.

기억 속 제방은 운하처럼 거대했으나 다시 찾은 그곳은 검은 물이 흐르는 두 길쯤 깊이의 천변이다. 50여 년 만에 마주친 그곳은 부산 시내를 굽어보는 키 높은 전망대 건물 뒤편에서 불쑥 모습을 드러냈다. 낡은 골목길 사이로 접어든 순간이었다. 허물어질 듯 버티고 선 건물들은 마천루 바로 옆에서 유난히 키가 낮았고, 중고물품 가게엔 빛바랜 기억들이 햇살을 받고 있었다. 시멘트 제방만 남긴 채 흘러간 시간은 기척이 없었다.

40여 년 전 어느 겨울, 사촌 언니에게 신세 질 요량으로 부산행에 나섰다. 공장일을 다니던 서너 살 위 언니와 또래 언니들 세 사람의 작은 공간이 흐린 풍경처럼 떠오른다. 비좁은 곳에 반가울 리 없는 손님이지만 흔쾌히 맞아주던 언니들과 그 겨울을 났다. 나이 차가 많지 않았을 것임에도 너그러운 눈빛에 마음이 놓였다. 방학 과제물이었던지 그 풍경 속엔 코바늘로 뜨던 레이스가 뭉게구름처럼 떠 있다. 지금이라면 엄두도 내지 못할 방문이지만 어린 언니들의 넉넉한 품성 덕에 촌아이는 방학맞이 도시여행을 일기장에 담았다. 이 도시에 오고 나니 그리움이 깨어난다. 마음으로나마 안부를 건네본다.

친구들이 서울이나 그 근교로 일터를 정해 떠나는 걸 보면서도 살던 곳 광주에 일자리를 구했다. 몇 년 후 인연 따라 서울로 옮겼지만 서울살이는 어쩐지 냉랭해서 늘 떠날 마음을 품고 살았던 나, 부산으로 학교를 정한 아이의 결정이 은근히 반가웠다. 1년 후 이런저런 이유를 들며 짐을 꾸렸다. 딸이 머무는 곳으로 향했다. 저 멀리 반짝이는 불빛을 향해 가는 고요한 밤배처럼 은밀한 기쁨은 살짝 감추고 소소한 세간을 챙겼다. 불안이 없지 않았으나 전부는 아니었다. 다른 시간을 꿈꾸었다.

부산에서의 첫 기억이 나를 다시 이곳으로 부른 걸까. 풍경 맛집, 영도. 어디서든 고개만 들면 바다로 떨어지는 창공과 반짝이는 물결이 다가온다. 집 앞에 들어선 고층 아파트로 동강 난 전경이지만 인간은 적응의 동물 아닌가. 이젠 동과 동 사이 풍경이 길쭉한 액자 창으로 보인다. 밤이면 점점이 박힌 불빛을 먼 곳의 별 인양 건너다보고 운무가 짙은 날이면 미래 도시에서 깬 건 아닌지 어리둥절한 아침을 맞는다. 침대에 누워서도 일출이 보인다며 자랑하던 감격은 뺏겼지만 조금 더 부지런해지면 된다.

7년 전, 영도는 조금 더 소박했다. 그리고 나는 그때가 좋았다고 작은 목소리가 살짝 커지곤 한다. 흰여울마을에 새로 생긴 카페는 동네 청년이 엄마 찬스로 시작한 곳이었다. 먼 길 온 지인과 함께 아침 산책 삼아 나선 해안로는 은빛 출렁임만큼이나 가슴을 간질였다. 고등어회를 한다는 말에 한 번 더 쳐다보던 길쭉한 식당에선 주인장의 시그니처 메뉴 시락국이 감미로웠다. 직접 주워 말린 곰피 몇 조각이 비법이라는 걸 들은 그날 이후 우리 집 시래기 된장국엔 종종 미역 한 줌이 더해지기도 한다.

부산 안의 부산, 영도는 나에게 그렇게 느껴진다. 몇 발짝 나선 길에 만나는 모임에선 늘 이곳과 인연 있는 이들이 있다. 영도에 살아요, 어릴 때 그곳에서 살았어요, 결혼하고 신혼을 거기서 시작했어요, 학교를 그곳으로 다녔어요 …. 꽤 많은 마주침에서 대개 그중 한두 사람은 영도와의 인연을 말했다. 영도 할매의 너른 품을 거쳐 간 이들과 나누는 인사는 늘 정겨웠다. 외가 동네 지인을 만난 듯 환한 얼굴이었다. 부산이 그리워 다시 돌아온 이들처럼 그들 역시 영도를 그리워하는 듯했다.

지금 영도는 카페 섬이 되었다. 해마다 커피 축제가 열리고 흰여울마을엔 관광객들로 주말이 출렁인다. 산처럼 높아진 아파트 따라 조각난 풍경만큼 사는 이들도 늘어간다. 영도 도시문화센터가 올해로 5년 차 활동을 하는 동안 다양한 프로그램이 골목 곳곳에서 펼쳐졌다. 우리 골목에선 작년에 마을 영화 만들기를 함께 했고 자작곡 수업이 열렸다. 언감생심 내가 뭘, 하는 마음은 접어두고 즐거이 참여했다. 새벽부터 시작된 주말 촬영은 막 시작하던 장맛비와 숨바꼭질 끝에 영화제에 올려졌고, 함께 하는 청년의 도움이 아니었다면 어땠을까 싶은 나만의 곡도 생겼다. 지금도 활발한 여러 활동 중 청년들이 정착할 수 있는 섬에 대한 궁리를 나누는 프로그램을 응원하게 되는 건, 여러 세대가 어우러져 살아가는 조화로운 섬으로 아름다워지기를 바라는 마음 때문이다. 그래서인지 요즘 영도는 생기롭다.

절영해안산책로를 따라

3월과 함께 시작한 영도살이. 가장 먼저 마음을 뺏긴 곳은 절영해안산책로였다. 일주일쯤 되었을까. 해거름이 내릴 즈음, 동네 산책에 나섰다. 며칠 익숙해진 오른쪽이 아닌 왼쪽으로 방향을 잡았다. 그리고 만났다. 자그마한 사거리에서 시작되는 내리막길에 노을이 떨어지고 있었다. 석양이 감도는 하늘빛이 사방을 부드럽게 감싸기 시작했다. 영화 속 한 장면에 들어서는 것만 같은 설렘으로 걸음을 옮겼다. 그 길 끝에 바다가 고요히 저녁을 기다리고 있었다.

해가 지면 어둠이 내리겠지만 두려움보다는 설렘이었다. 아담한 포구에 내려서니 왼쪽으로는 오래된 상가건물과 주차장이, 오른쪽으로는 천막 포차 곁으로 해안을 따라가는 길이 보였다. 바로 곁에는 몇 척의 작은 배가 둥실둥실 물결을 타고 있었다. 갈맷길 중 한 코스인 절영해안산책로 구간이었다. 전국에서 두 번째로 아름다운 해안길이라는 안내판은 그저 호들갑이려니, 어디서든 우리 동네가 최고야 하는 심리려니 심상한 마음으로 올려다보고는 길을 잡았다.

바다를 왼쪽에 두고 넓지 않은 산책로가 이어진다. 몇 걸음 따라가니 작은 해안 끝 모래밭에 할머니 해녀 몇 분이 펼친 좌판이 둘레둘레 모여 있다. 붉은 고무 다라이 가득 떨어지는 물줄기 아래 퍼덕이는 생선과 해산물이 그득하다. 어서 오라는 손짓을 뒤로 하고 길을 서두른다. 오르막 계단을 몇 걸음 지나면 다시 내리막길이 구불구불하다. 바다 쪽으로 툭 떨어진 길은 해안 끝 바위 절벽 사이로 이어진다.

작은 몽돌들이 꽃으로 피어나고 나비로 날아 앉은 길. 어찌 꽃을 그리고 조가비를 그릴 생각을 했을까. 단순하고 소박해서 더 정겨운 작품들이, 그 마음이, 이송도 흰여울마을에 이르기까지 따뜻하다. 지는 해를 금세 따라온 어둠이 깔리지만 점점이 불빛을 흩뿌리고 있는 배들이 길동무려니, 나란히 걷고 있으니 느긋하다. 저만치 가덕도 뒤로 해가 떨어지는 동안 가로등 불빛이 눈을 뜬다. 파도 소리 옆에서 저녁이 내리는 풍경에 나는 이곳이 벌써 마음에 들었다.

중리 해안엔 제주에서 온 해녀들의 자취가 아직 남아 있다. 1800년대 말부터 제주도에서 온 해녀들이 부산 바다에 잠수해 해산물을 채취하는 출향 물질을 했고 그중 일부는 부산에 정착했다. 숨비소리 들으러 가끔 들르곤 하는 해녀박물관은 소박하다. 붉은 고무 다라이를 펼쳐놓던 해녀촌은 이곳 1층으로 자리를 옮겼다. 공동 어시장처럼 순서를 정해 손님을 맞는다. 해산물 라면과 김밥이 곁들여진 회 한 상, 바다식당의 테이블은 바닷가에 놓여 있다. 맘에 드는 바위에 자리를 정하면 된다. 자리가 부족하면 직접 테이블을 가져다가 원하는 자리에 펼치기도 한다. 해삼 한 접시 앞에 두고 노을빛을 안주 삼아 도란도란 이야기 나누기에 더없이 좋은 곳이다.

현란한 색채로 물들이는 여름 석양은 잠시도 눈을 뗄 수 없게 한다. 날마다 해지기 전 밖으로 나가 서쪽 하늘에 그려지는 그림을 보던 소로우처럼, 나도 해 질 녘이면 절영해안 산책로가 시작되는 중리 해안으로 간다. 서쪽 하늘가에 연분홍빛 커튼이 드리워지고 첫 별이 반짝이기 시작하면 작은 골목길 사이로 하나둘 밝혀지는 불빛을 따라 집으로 돌아온다. 여름 저녁이면 더 바지런해지는 건 순전히 '위대한 화가'가 그리는 새로운 그림 때문이다.

저녁만이 아니다. 아침과 낮, 그리고 계절마다 절영해안 산책로는 새롭게 태어난다. 새로운 그림을 그리며 우리를 기다린다. 해안을 따라 걷던 어느 봄날, 하루 일과가 시작되는 오전 10시 무렵이었다. 눈부시게 반짝이는 바다 앞에서 떠날 수가 없었다. 그 순간을 놓치고 싶지 않아서 그날의 약속을 미루었다. 가던 길을 멈추고, 바다를 가득 채운 물별들 속으로 하염없이 걸어 들어갔다. 누군가 이름 붙인 물별이라는 말처럼 아름다운 세계였다. 게으른 탓에 그토록 영롱한 아침을 자주 만나러 가지 못하고 있지만, 절영해안산책로에서 봄을 맞으시라 청한다. 오전 10시, 그곳에서 찬란해지길.

바닷마을 인연

폭이 좁은 2차선 도로와 키 낮은 상가건물들이 잇닿아 있는 거리는 작은 시골 읍내 같았다. '이제 이곳에서 지내는구나!' 두리번거리는 눈에 불쑥 들어온 간판, '마을카페'. 빛바랜 나무 패널을 배경으로 한 네 글자가 볼록 솟아 있었다. 회색 타일 벽 건물 2층, 창을 가린 때문인지 소박한 간판 때문인지 일반 카페는 아니겠다 싶었다. 단출한 짐은 딱히 정리할 것도 없어서 다음 날 동네 탐방에 나섰다. 첫 행선지는 바로 그 카페였다. 오후의 티타임 무렵이었다.

버스 한 정거장 거리를 거슬러 올라 그곳에 들어서니, 역시나 그냥 카페가 아니었다. 몇 개의 수업이 진행되고 있는데, 마침 저녁에 재봉 수업이 있다는 말에 기다렸다. 물론 카페라 음료도 판매했다. 재봉틀을 앞에 두고 네 명의 여성과 인사를 나눴다. 흰 머리가 멋스러운 두 분과 또래 여성 한 사람 그리고 강사님. 모두 근방에 사는 분들이었다. 우리 중 가장 젊은 여성인 강사님은 네 아이의 엄마였다. 아이 넷을 키우며 일하는 여성, 경험한 적 없으나 짐작되는 수고에 무한 응원을 보내며 그녀에게 집중했다. 작은 천을 잘라 박음질하고 뒤집어 만든 컵 받침을 오래 썼다.

마을카페는 취미 활동만이 아니라 마을에서 함께 살아가는 고민을 나누는 곳, 연대의 공간이었다. '영도희망 21'이라는 이름의 단체가 또 하나의 정체성으로 마을이 함께 아이를 키우자는 공동체, 마을 활동을 하는 곳이었다. 생활협동조합에서 일한 경험이 있는 나에겐 또 하나의 협동조합으로 느껴졌다. 자본의 영역 바깥에서 다른 대안을 찾는 수고, 쉽지 않은 길이라 손에 손잡고 걸어야 하는 활동이다.

재봉 수업 이후 역사강좌에도 참여했다. 또 다른 이웃들을 만났다. 멀리 여행을 다녀왔다는 강사님은 갓 참여한 나에게까지 맛있는 홍차를 선물해주었다. 수업을 이어가던 중 모임의 한 분이 원도심을 소개해 주었고, 알 듯한 이름을 마주했다. 수년 전 부산을 검색했을 때 찜한 두 곳 중 하나, '인디고서원'에서 들고 온 책자의 주인공 '백년어서원'

이었다. 영어 수업에 초대해주었고 나는 미리 '초록 서랍' 프로그램에 참여했다. 떠듬떠듬 영어 수업은 얼굴을 익힐 때쯤 자진 하차했지만 인문 프로그램에 관심을 기울이는 동안 글쓰기 공동체 백년어서원으로 한 걸음 들어섰다. 예정하지 못했지만 나를 흔드는 시간 속으로 스며든 것이다.

한 수업에서 들었던 감정코칭 수업에 참여하기 위해 송도 알로이시오에도 다녔다. '비폭력 대화'에 관심이 많았던 나에겐 맞춤한 시간이었다. 알량한 서운함을 이해로 전환할 수 있는 계기가 되었다. 부질없이 일렁이는 서운한 마음을 지워갔다. 그 또한 마을카페가 넓혀 준 세계였다. 여섯 단계만 거치면 모두가 연결된다는 관계 속에 살아가는 우리. 내게 부산살이 첫 단추는 마을카페인 셈이다. 낯선 도시에 찾아든 이방인의 부산살이 첫걸음에 그곳이 있다.

캘리그라피 수업이 시작되었다. 전부터 배우고 싶었던 수업, 한량처럼 살기를 자처한 시간, 얼른 참여 신청을 했다. 잘 배워서 뭔가를 얻겠다는 생각 같은 건 없는 그저 재미였다. 일주일에 한 번, 선 긋기부터 시작한 수업은 분기를 넘기고 이어졌다. 작은 그림을 더한 자그마한 액자도 만들었다. 그림이라면 긴장부터 하는 나는 강사님을 흉내 내어 옆으로 누운 나무를 그렸다. 의도하지 않은 농도 대비로 인해 껍질 벗은 나무에 이야기가 담겼다. 여러 번 연습한 글씨는 제법 그럴싸했는데, 그리기는 붓이 더 나가질 못했다. 갈색빛 나무등걸에 걸어둔 꽃다발은 강사님의 손길이 더해졌다. 거실 등 스위치 위에서 지금도 그때를 떠올리게 한다.

집안일로 두어 주 결석한 사이, 수업은 조금 다른 방식으로 바뀌었다. 외부 강사님을 초빙해서 조금 더 진도를 나가자는 논의가 있었던 것이다. 월회비가 늘어난 만큼 수업도 늘었다. 화선지를 사용하기 시작했다. 심심풀이로 다니는 나와는 달리 본격적으로 캘리그라피를 배우는 이의 성의가 돋보였다. 따로 그림 수업을 듣기도 하는 그녀의 실력은 일취월장하였다. 마을카페 안팎으로 그녀의 힘차고 유연한 글씨가 넘실거리기 시작했다. 몇 년 사이 캘리그라피 선생님이 된 그녀는 글쓰기 교정 수업까지 진행한다. 다시 만난 그녀의 생기로운 표정은 내 얼굴의 주름까지 쫙 펴주는 것만 같다. 어쩌다 한 번 붓을 꺼내 강사님이 된 그녀의 글을 따라 써보곤 한다. 시샘보다 사랑스러움이 더 커진 걸 보니 나도 이제 조금 어른스러워지는 중인가 혼자 흐뭇해하기도 한다.

또래인 L님은 자신이 하고 있던 책 모임에 초대해 주었다. 혼자 도서관에서 놀던 나는 그녀를 따라 멀리 하단까지 한 달에 한 번 저녁 나들이를 했다. 오랜 친구들이 주축이 된 모임으로 친구에 친구가 한 사람씩 더해진 모임이었다. 반가운 환대에 금세 편안해졌다. L은 크리스마스 파티에도 초대해 주었다. 오랜 지인들과 함께 하는 시간, 매년 같이 하는 그날을 위해 며칠에 걸쳐 그녀가 준비한 만찬은 풍성하고 화기애애했다. 서로의 삶을 지지하는 관계가 갖는 신뢰와 편안함이 느껴졌다. 서로를 응원하는 연례 행사라니 너무 근사하지 않은가. 지금도 여전히 그녀들은 크리스마스를 함께 보내는지 안부를 묻고 싶기도 하다. 그날 나누었던 내일을 실행에 옮겼을지, 미적거리느라 놓친 것들이 많은 나는 불쑥 궁금해진다.

아, 몸살림 수업도 했다. 수년 전 접한 적 있는 '몸살림'을 공부한 이가 있었다. 그녀의 재능기부로 주민센터 공유 공간에서 수업이 시작되었다. 몸을 펴주고 근육을 움직이게 하는 시간, 가장 먼저 등을 쭉 펴는 동작부터 배웠다. 도톰한 방석을 등허리에 받치고 누워 가슴을 위로 높이 올리며 큰 호흡을 했다. 뻑뻑하던 어깨가 나른해지고 양쪽 견갑골이 가까워졌다. 혼자하는 동작만이 아니라 짝을 지지대 삼은 다양한 동작들이 재미났다.

한량처럼 보내는 여유시간도 줄어갔다. 외지인을 다정하게 맞아 준 마을카페에도 점점 뜸해졌다. 연말 총회 공지에 답하는 정도로 소원해졌다. 시간이 흘러 다시 느슨해진 시간표, 최대한 동네에서 지내기로 계획하며 다시 마을 카페 문을 밀고 들어섰다. 단체 공유방에 합류하니 다양한 활동이 풍성한 과일처럼 주렁주렁하다. 7년 전 유치원 꼬맹이는 어느덧 초등 고학년이 되어 다양한 프로그램에 활발하게 참여 중이다. 단톡방에 올라오는 아이들의 모습을 보며 나는 어떤 모습으로 이 마을에서 살아갈까 궁리하게 된다. 찬찬히 읽는 책 모임에 합류하고 바다 쓰레기 줍기에 참여하며 마을에서 함께 살아가기를 연습 중이다.

여름 끝엔 작은 상영회가 진행되었다. 지역 극장과 연계한 프로그램이었다. 바쁜 일정으로 공동체 식구들의 참여는 많지 않아 아쉬웠지만, 멀리에서 영화를 보러 온 이들이 많았고, 영도에 살면서도 마을카페는 처음이라는 분들의 귀한 걸음이 있었다. 딴 동네로 이사갔는데 어떡하노, 아쉬워하는 목소리도 있었다. 한 분께서는 당장 회원으로 가입하여 활동에 참여하겠노라 손을 들었다.

한 사람 한 사람에게 품을 내어주는 마을 카페는 알뜰한 공동체로서 자리매김하고 있다. 지리적 마을로만 기능하는 삶터에서 정서적 마을이 되어 주는 마을카페. 그곳이 있어 이방인은 낯선 곳에서 금세 적응했다. 다시 찾은 카페에서 도란도란 친밀감이 자란다. 받은 만큼 갚을 수야 없겠지만 나도 누군가에게 따뜻한 손을 내밀어주는 이웃이 될 수 있을 것 같다.

마주 잡은 손

기회가 될 때마다 자랑하는 우리 동네 도서관, 햇살이 부서지는 창 앞에 앉아 책을 펼치노라면 흐뭇한 미소가 절로 어린다. 조망권 프리미엄은 아파트에만 있는 게 아니다. 절영해안 앞 묘박지에 배들이 점점이 흩어져 있는 모습을 볼 때면 이런 호사가 따로 없다. 가난한 내가 부자가 된다. 오래된 도서관이 아니라는 점이 약간의 아쉬움이지만 이제부터 쌓아갈 시간이 농익은 공기로 바뀌어 갈 것이므로 오히려 좋다. 햇살 좋은 주말엔 아이들의 재잘거림이 선율처럼 흘러든다.

첫 감흥만큼은 아닐지라도 갈 때마다 설렌다. 좋아하는 친구를 보기 위해 뛰어가던 등굣길처럼 걸음이 빨라진다. 비가 오면 비가 오는 대로, 햇살이 떨어지는 실내에 앉으면 또 그대로. 신간 코너에서 발견하는 책들이 사랑스럽고 주민 독자를 향한 사서들의 말 걸기, 이달의 추천 도서는 사뭇 진지하다. '글쓰기'를 주제로 한 코너를 보며 새삼 글쓰기에 대한 관심이 높아진 걸 확인하며 어슬렁거린다. 아껴 읽던 『계속 쓰기』가 정중앙에 있어 또 반갑다. 낯익은 몇 권 사이 꼼꼼한 눈썰미로 선별한 책 두어 권을 들고 창가로 간다.

도서관의 단점인 다른 책 읽기의 전형이랄 수 있는데, 가져간 책 밀쳐 두고 몇 페이지를 넘기는 달콤함이 유혹적이다. 그야말로 쾌락독서라고 할 수 있을까. 일기 쓰기에서 시작하는 글쓰기가 주제인 듯한데, 주절주절 일기를 몇 년째 쓰고 있어서인지 더 관심이 간다. 가까운 진주에서 책방을 운영하는 서점지기의 책을 한참 넘겨봤다. 일기가 책이 되려면 어떻게 해야 할까, 샛길로도 빠지면서. 부지런히 책장을 넘기다가 고개를 들었을 때, 알 듯한 뒷모습에 시선이 멈췄다.

오래된 생각을 실행에 옮기고픈 마음이었을까. 한참을 물끄러미 바라보았다. 한순간 그녀가 몸을 일으킬 때까지 고개를 돌리지 않았고, 당연하게도 그녀와 눈이 마주쳤다. 언젠가부터 도서관에 갈 때면 눈길이 갔던 나와 달리 그분은 내가 낯선 듯했다. 띄엄띄엄 가기도 하거니와 도서관에서의 모습이랄 것이 인상적일 수는 없으니 당연하다. 그러고 보니, 난 사람들을 관찰하기를 좋아하는 게 분명하다. 그 역시 쓸데없는 호기심, 일없는 오지랖이라 여기기보다는 나는 그런 사람이로구나, 한 번 고개 끄덕이며 알아채준다. 이미 용기를 낸 나는 말을 걸었다. "진작부터 이야기 나누고 싶었어요."

눈이 동그래진 그분이 몇 걸음 다가왔다. 미처 일어서지 못했던 나는, 얼떨결에 그분의 손을 잡으면서 일어섰다. "궁금했어요. 어찌 그리 열심히 하시는지. 늘 공부하는 모습이 인상적이어서 한 번쯤 말을 걸어보고 싶었답니다." 그랬다. 도서관 한 모퉁이에 있는 커다란 확대경 아래 영어책을 펴고 집중하는 모습, 그녀는 늘 그 모습이었다. 도서관에 들어설 때면 어김없이 그분이 앉는 자리를 확인하곤 했다.

맞잡은 손 그대로 복도로 나가서 소곤소곤, 환한 미소의 그분은 딸이 외국에 살고 있어서 손자들과 얘기를 나누기 위해 영어 공부를 하시는 중이라 했다. 늘 그 자리에서 영어를 공부하는 이유는 손자였다. 일단의 궁금증은 해소했지만 이미 마주 잡은 손길만큼이나 바짝 다가선 우리의 호감도는 급상승했다. 당장이라도 나가서 차 한잔 나누고 싶지만 너무 서두르면 안 될 일, 다음을 기약했다. "언제 데이트 한 번 해요! 연락드리겠습니다." 우리의 반가움이 전염되었는지 주변에 있던 분과도 스스럼없는 인사를 나누었다.

마음이 맑을 때 뵈어야지 싶어 몇 번의 시간을 미뤘다. 물론 나 혼자서. 금세 달이 지나고 잠깐 사이 해가 바뀌었다. 한 가지 일이나 감정에 매몰되면 마음을 나누지 못하는 편인 나, 그 사이 내 감정은 블루에 가까웠던지라 전화를 드리지 못했는데 봄소식과 함께 데이트를 청했다. 주택을 개조한 동네 스파게티집에서 맛있게 점심을 먹고 근래에 가장 애정하는 동네 카페로 올라갔다. 그 길을 지나 댁으로 가신다며 한번 가보고 싶었노라는 말씀에 한결 기분이 좋아졌다. 꽃들이 수런거리는 아기자기한 마당을 지나 초록 대문을 열면 나무 계단을 따라 카페가 열린다. 이곳 역시 주택을 개조한 카페로 젊은 주인장이 해사한 미소로 반겨준다. 나직한 목소리의 그분과 마주 앉은 시간, 어쩐지 그분의 딸이 된 듯, 친근한 동생이 된 듯 푸근했다. 추운 겨울 아랫목에 손 넣고 나란히 앉아 이야기를 나누던 저녁처럼. 다음 데이트가 늦어지고 있는데 겨울을 넘기기 전에 청해야겠다.

맞잡은 손길에 어떤 친밀함과 근원적 신뢰가 담겨 있었다. 그분도 그랬으리라는 걸 환하게 열리던 표정으로 짐작한다. 그러니 조금 늦은 안부에도 너그럽게 반겨주실 것이라 믿으며 두 번째 데이트를 계획해 본다. 손을 잡길 잘했다. 늘 팔짱 끼기를 좋아하는 아이였던 나, 어느 순간부터 팔짱 끼고 걸을 일이 없었는데, 재지 말고 경직되지 말고 스스럼없어져도 되지 않을까. 조금 가벼워져도 좋겠다. 긴장과 막힘을 풀어내는 접촉으로 고통과 질병에 대한 염려도 덜어낼 수 있다니 일석이조가 아닌가. 어느 햇살 포근한 날, 그분이 늘 걷는다는 둘레길을 따라 나란히 도서관으로 가야겠다.

천천히 걷는, 봉래산

해무가 고깔처럼 걸쳐 있는 사진이 전송되어왔다. 고깔을 쓰고 있는 건 봉래산이다. 자주 해무 고깔을 쓰는 봉래산엔 식구들이 많다. 할매가 있는 조봉과 자봉 그리고 손봉, 3대가 모두 모여 있다. 산제당도 있고 크고 작은 절도 여러 곳이다. 방송국 첨탑도 있다. 곳곳에 크고 작은 체육공원이 있고 둘레길 따라 두 개의 약수터가 있다. 약수터 중 한 곳은 폭이 넓은 길을 끼고 있어 간혹 배드민턴을 치는 어른들을 만날 수 있다.

그 길을 벗어나면 조내기 고구마 숲이 나오는데 그곳엔 키 큰 편백나무 사이로 고구마 모양 미끄럼틀이 있다. 언젠가 사람이 뜸할 때 혼자서 타보기도 했다. 반투명한 미끄럼통은 노르스름해서 고구마 속에라도 들어간 기분이었다.

그 아래로 조내기 고구마 역사기념관이 있다. 통신사 조엄이 대마도에서 가져온 고구마의 시배지가 이곳 영도 조내기 마을이었다고 한다. 이곳에서 고구마 농사를 처음 시작했다고 하니, 고구마 좋아하는 내겐 이 또한 반가운 인연이라니 싶었다. 지금은 조내기 마을 고구마가 없어 아쉬울 따름이다.

그리고 산허리를 휘돌아가는 둘레길이 있다. 봉래산 중턱을 오르락내리락 돌아가는 둘레길은 제주 올레길처럼 바다와 나란히 걷는 길이다. 숲길을 따라 걷는 동안 나무들 사이로 반짝이는 바다가 눈에 들어온다. 편백나무 숲을 지날 때면 이름도 모르는 새소리 아래 숨을 고르는 사람들을 볼 수 있다. 어느 사이 발걸음이 경쾌해진다. 자갈길을 따라 걷다가 크고 작은 바위가 너럭처럼 널린 곳이 나타나면 한숨 쉬어갈 쉼터도 있다. 오솔길 같은 숲길을 가는 내내 크고 작은 벤치가 곳곳에 있다.

남파랑길 모니터링 활동으로 봉래산 둘레길을 더 꼼꼼히 살피기도 했다. 어디쯤에서 쉬어갈 수 있는지 화장실 간격을 확인하고 갈림길에선 사진을 찍었다. 조금씩 코스를 달리해 걸으며 시간과 거리를 재었다. 그렇게 품을 들이는 동안 둘레길이 더 다정하게 느껴졌다. 오래 보아 사랑스러운 건 사람만이 아니다. 야생 꽃들이 바람에 흔들리던, 그 순간만큼은 나만의 정원이던 임도 아랫길. 그 향기로운 기억은 싹둑 베어낸 나무들 사이로 지워졌지만 삶이 그런 것처럼 또 다른 숲길로 우리를 인도한다. 올해 초 마주한 새로운 길에 또다시 매료되었다. 익숙한 길 뒤, 숨겨진 보물이었다. 설핏 옆길로 들어서길 두려워하지 않겠노라는 생각을 하며 찜해 두었다.

혼자라도 좋고 여럿이어도 좋은 숲길, 5월이 되면 마음이 먼저 산을 오르는 나는 산책을 자제해야 할 정도라 이 봄이 아쉽기만 하다. 봉래산이 아니어서일까. 멀리 전철 끝에서 시작되는 길, 생생한 초록에 눈이 팔린 사이 풀썩 내디딘 발끝이 나무뿌리에 걸리고 말았다. 5월의 숲은 그렇게 맛보기에 그치고 눈으로만 걸어야 했다. 고요한 산책은 발가락 실금이라는 훼방꾼을 만나 미뤄졌다. 아침 산책에 시간 효용을 재곤 하던 나는 베란다 창 너머로 보이는 아미르 공원의 싱그러움에 가슴이 아렸다. 시간 따위는 잴 필요 없었다. 그저 숲길에 머물면 충분했다. 얼른 회복하여 발걸음도 가볍게 나서기를 손꼽아 기다린다. 오르막 산길에는 가지 못하지만 집 앞 낮은 구릉, 중리산 사이 호젓한 숲길을 걸으며 또 다른 산책을 즐기고 있다.

몇 해 전 끊겼던 갈맷길 3-3코스는 그 사이 아스팔트 도로에 제 살을 베어내 준 중리산을 지난다. 잘 닦인 차도 옆 보도를 따라 새로 난 길을 걸으며 아쉬움이 입안에 고였다. 잘려버린 숲길을 보며 속이 상했다. 그런데 오르막 끝에 작은 오솔길이 건재하고 있다는 것이 아닌가. 소식 끊겼던 친구를 만나러 가듯 설레는 마음으로 따라나섰다. 저녁 모임 후 귀가길이었다. 검은 밤 속으로 희부연 길을 따라 걸으며 부르는 노래에 밤별들이 내려왔다. 왕복 5천 보가 채 되지 않는 짧은 길이지만 몇 걸음이면 들어서는 숲길의 위로는 엄마가 끓여주신 된장 뚝배기처럼 진하다. 느린 걸음으로 아껴 걸으며 나무 사이로 떨어지는 한 줌 햇살에 몽글몽글해진다. 나무 벤치에 앉기도 하고 지나는 이 없는 시간에는 잠깐 누워 시골집 마당에 있던 평상이려니 한다.

툭 잘려 나간 그 길 끝, 버려진 언덕엔 하늘 정원이 있다. 부서진 바위들이 군데군데 흩어져 있는 여남은 평의 평지가 하늘과 바다를 향해 활짝 열려 있다. 가방에 돗자리를 챙기는 이유다. 무너진 비탈을 올라서는 이들이 그리 많지 않아서 종종 내 차지가 된다. 흙길 따라 20분이면 당도하는 그곳에서 따뜻한 차 한잔을 마실 때면 더 이상 바랄 게 없는 마음이 된다. 가끔은 명상을 하기도 하지만 가장 좋은 건 몸을 쭉 펴고 누워서 하늘을 올려다볼 때다. 너무 많은 사람이 알면 곤란한데, 어쩌나. 그래도 자랑하고 싶은 마음이 더 크니, 어쩔 수 없다.

봉래산 둘레길과 부산 갈맷길이 어우러진 동네 이곳저곳의 길을 찾아 걸으며 행복한 시간을 선물 받는다. 우리 동네가 최고라고 여기는 팔불출이 되어간다.

주의
개조심
주인백

내 길은 어디일까

내 길은 어디일까
내 길은 어느 곳에 있을까
내 길은 어디일까
내 길은 어느 곳에 있을까

저절로 알게 될 줄 알았어요
길을 잃고 헤매는 사람을 보면 한심했죠
이해되지 않는 사람들이 많았어요
바른 길이 있는데 왜 딴 길로 가는지 알 수가 없었죠

나이 마흔이 아득하던 시절
나는 마흔이 되지 않을 것 같던 시절

난 아직 어른이 되지 않았는데
난 아직 아이 적 그대로인데
내 맘은 아직 자라지 않았는데
거울 속에 비친 그대는 누구인가요
알 수가 없네요

나이 마흔이 아득하던 시절
나이 마흔이 되지 않을 것 같던 시절

어린 시절 농사를 짓는 어른들의 투박한 손끝을 보면서 그 숭고함을 바라볼 수 있는 눈을 가졌더라면, 아이는 성장을 두려워하지 않았을지도 모르겠다. 아쉽게도 눈앞에 보이는 세상이 다인 줄 알았던, 갑갑하지만 갑갑한 줄도 모르고 막막했던, 풀섶 헤쳐 가며 길을 찾아 나갈 힘이 없던 아이. 어느 겨울 또아리 틀고 잠든 구렁이를 밟고 지나면서도 머리에 인 나뭇단이 다였던 아이. 짐을 내던질 생각 같은 건 하지 않던 아이는 자라지 못한 용기 대신 푸념만 키웠던 것일까. 농사일에 묻혀 살아가는 어른들의 고단함을 아쉬워하며 자랐다.

반성은 늘 허무하다. 하지만 늦은 반성 또한 제 역할이 있을 것이니 가끔 이는 용기가 무례한 과거를 호출한다. 망설이며 가사를 읽어주면 아이디어가 보태졌다. 몇 줄의 끄적임이 남았다. 마을에서 열린 자작곡 수업에 하루 또 하루 가는 중이었다. 갈피 사이로 숨기고픈 마음까지는 없애지 못한 채로 리듬이 입혀졌다. 노래를 좋아하는 청년의 도움이었다. 기타 반주에 맞추어 노래 연습을 했다. 또 한 해가 저물어가는 12월 어느 날, 그의 화음을 기둥 삼아 작은 무대에 올랐다. 노래방에서도 쭈뼛거리던 작고 낮은 목소리의 내가 사람들 앞에서 노래를 했다. 철부지 어린 시절의 속내를 고스란히 드러낸 가사가 스크린에 띄워졌다.

감기가 한 차례 지나는 바람에 칼칼했던 목소리를 가다듬었다. 판단하지 않는 관객들 앞에서 아마추어는 자유로웠다. '이런 것도 할 수 있네. 이런 경험도 해보네.' 그 순간을 즐겼다. 종일 놀고 난 어스름 저녁 엄마 목소리를 따라 집으로 돌아가는 아이처럼 충만했다. 생애 첫 경험, 상상해 본 적 없는 시간. 그 여운은 꽤 길었다. 혼자서 듣고 또 들으며 겨울을 지났다. 노래를 조금만 잘했다면 여기저기 자랑했을 텐데, 아쉬울 뿐이었다. 사실 부끄러움을 무릅쓰고 알리기도 했다. 공연 전 짧은 인터뷰에서 "누구라도 이런 경험 한 번 했으면 좋겠다."는 바람은 정말 진심이었다.

'만 시간의 법칙'이 유효한 처방이 되기 위한 끈기가 부족한 나는 여전히 오리무중인 채로 백발의 길에 들어섰지만, 자작곡 수업을 포기하지 않은 성취를 이뤘다. '도저히 안 되겠어!', 가던 걸음을 돌려세우고 싶은 마음을 밀어냈다. 자력 30%, 도움 70%. 아니 도움 100%. 여전히 어느 길이 내 길인지, 이렇게 사는 게 맞는지 모르겠다는 도돌이표 내려두고, 일상을 물들이는 반짝임에 기꺼이 동참하는 나를 응원한다. 마을 활동에 참여하면서 어느 날 나도 그들처럼 나누는 사람이 될 것을 기대한다. 빛나는 재능을 가진 그들 앞에 의기소침해지는 대신, 그들이 있어 누리는 풍요를 기꺼이 노래하련다.

경험 수집가의 여름

토요일 아침 6시, 더는 미룰 수 없는 촬영을 위해 모이기로 했다. 여름이긴 하지만 꽤 이른 시간이다. 첫 촬영은 중리 바닷가, 빨간 등대를 향해 가는 발걸음 사이로 설렘이 가득하다. 상기된 표정으로 마주 보는 얼굴에 미소가 번진다. 혼자라면 할 수 없는 일에 동지애가 쑥쑥 자란다. 낭비가 아닌가 싶었던 단체 티셔츠는 모두 모이고 보니 등 뒤에 선명한 'STAFF'이 그럴싸하다. 반대한 게 계면쩍다.

카메라를 담당한 연출팀은 자신감이 가득하다. 장비들은 비를 피해 등대 아래 공간에 펼친다. 다행히 비가 마구 뿌리지는 않는다. 주요 배역 세 사람은 전문 연기자를 섭외했다. 첫날엔 주인공을 맡은 배우의 촬영뿐이지만 초대 연기자가 있었다. 아역배우 두 사람은 프로그램 전체 진행을 맡은 이의 어린 딸들이다. 비눗방울 놀이를 하며 노래를 한다. 카메라 앞이지만 긴장하는 기색도 없이 무척 자연스럽다. #1을 마친다.

#2, 방파제에 걸터앉은 주인공 시완의 쓸쓸한 뒷모습이 화면 가득 담긴다. 빗발이 날리면 우산을 받쳐 들고 봉래산을 휘감는 구름을 올려다본다. 잠깐 파란 하늘이 고개를 내밀면 얼른 카메라가 돌아간다. scene2를 마무리하고 장비를 정리한다. 다음 장면을 촬영하기 위해 봉래산 불로초공원으로 올라간다. 불로초를 찾아 헤매는 주인공을 따라가는 카메라는 현장 모습도 담는다. 촬영팀의 진지한 모습이 오히려 웃음을 자아내는 장면을 연출하기도 한다. 동선을 체크하고 카메라가 돌아간다. 안개비 속 시완의 모습이 꼭 그의 마음인 것만 같아 뭉클해진다. 하지만 불로초공원 어디에도 그가 찾는 불로초는 없다. 스크립터인 나는 콘티북을 들고 이 틈 저 틈에서 부지런히 현장을 메모한다. 자욱한 안개비 사이로 시간이 빠르게 흩어진다.

OK 컷 후, 다음 장소로 간다. 공원 가장자리 벤치다. 금세 내리쬐는 햇살이 다른 날을 연출한다. 맞춤한 날씨에 어쩐지 하늘이 돕는 것 같다는 말이 오간다. 배역을 맡은 두 멤버의 능청스러운 연기에 웃음이 피어난다. 연기지도를 해준 배우 강사님이 앞에서 기를 보내고 있다. 갑작스럽게 필요한 등산객 역할을 맡은 멤버도 여유롭기 그지없다. 다시 또 다시를 외쳐도 즐겁기만 하다. 잔디마당에 모여 일정을 마무리한다.

다음 날엔 7시에 모였다. 다른 셔츠로 바꿔 입은 나와는 달리 모두가 'STAFF' 표기 셔츠다. 머쓱해진 나는 짙은 색 손수건을 꺼내 둘렀다. 첫날의 긴장만큼 발전한 우리는 제법 즐긴다. 평상 위엔 회 접시와 소주병이 놓여 있다. 아내의 전화를 받는 시완, 괜찮다고 기왕에 간 길이니 더 공부시키고 오라고 호기롭게 외치지만 목소리가 명랑하지 않다. 자리에서 일어나며 쓰러지는 시완, 어딘가 불편해 보인다. 기러기 아빠 시완이 그예 병에 걸린 것이다. 영화의 도입부를 촬영하고 보건소로 옮겨 병원 장면을 찍는다. 같은 장면을 앞에서 찍고 옆에서 찍고 위에서 찍는다. 소품을 챙기고 도시락을 나르며 빈틈없이 지원하는 프로듀서에서부터 시나리오를 쓰고, 콘티를 짜고, 직접 출연에 촬영까지. 모두가 마술사다. 주인공 시완의 얼굴 분장 또한 멤버 중 한 사람이 맡았다. 몇 개월의 수업으로 가능할까 싶었던 걸 해냈다.

마을 영화 만들기 수업이 진행된 곳은 마침 집 앞이었다.

짙은 파란색 출입문 뒤, '파티파티룸룸', 재미난 이름은 주인장의 바람일까. 문을 밀고 들어서니 실내가 한눈에 들어왔다. 우측 작은 창 아래 커피 기계와 싱크대가 있고, 바로 앞에 기다란 나무 테이블이 가벼운 의자를 거느리고 있다. 왼쪽 벽면을 따라 오디오, 문방구 앞에나 있을 것 같은 두더지 게임기에 이어서 드럼과 건반 등이 놓여 있다. 비어 있는 중앙 벽면은 스크린으로 쓰이고 무대가 되기도 한다. 그리고 우측 벽 중간쯤 위층으로 올라가는 계단 아래엔 작은 골방이 숨어 있다. 영화적 상상력이 절로 실현될 것만 같은 공간이었다.

여름의 초입에 시작한 마을 영화 만들기 수업은 생각보다 규모가 컸다. 부산광역시, BMC부산광역시도시재생지원센터와 영화의 전당 지원으로 진행되었다. 어느 날은 지원 기관에서 나와 별도로 수업 진행 과정을 촬영하기도 했다. 출석 관리에 신경이 쓰이는 진행자의 어려움을 알 것 같은 나는 최대한의 참석으로 내 역할을 정했다. 아무래도 집 앞이라 유리했다. 그럼에도 일정 조율은 만만치 않아 욕심내던 수업을 놓치기도 했다. 연극배우를 강사로 모시고 몸짓에 대해 배우는 시간이었는데 일정이 겹쳤다. 목소리도 작고 더구나 몸으로 표현하는 건 더 어려워하면서도 그 수업이 궁금했다.

영화적 기법에 대한 설명, 촬영 방식에 대한 설명, 콘티 작업 등 잘 이해되지 않는 과정이 이어졌다. 촬영을 논의하면서 나에게 주어진 역할은 스크립터였다. 스크립터는 촬영 현장과 편집 과정 사이를 무리 없이 이어 주는 다리 역할로 대본과 다르게 수정된 대사나 내용을 체크하고, 어느 장면에서 NG가 몇 번 났는지, 전에 촬영된 장면과 이어지는 부분에서는 출연자의 의상과 분장이 어땠는지 촬영 현장 상황을 일일이 적어 놓아야 한다.

받아든 스크립트 용지에 우선 감독과 스크립터의 이름을 적고 날짜, 촬영시작 시간과 마치는 시간, 촬영장소를 기재한 후 장면별로 콘티상 장소를 한 번 더 기록하고 날씨를 체크한다. 그러고 나면 본격적으로 촬영 장면을 기록하는데, 연결성이 가장 중요하다. 예를 들면, 소품(음식)을 먹을 때 배우의 특이한 행동까지 기재해야 한다. 다음으로 시작 화면과 끝 화면의 위치를 네모 박스 안에 표기한다. 화면 안 어느 위치에서 상황이 펼쳐지는지를 표시하는 것이다. 다음으로 촬영방식을 full shot, long shot, over the shoulder, insert 등으로 구분하여 체크하고 각 cut별 순번을 매겨 기록한다. NG가 나는 경우 그 사유도 적는다. OK

가 나면 다음 장면으로 넘어가고 스크립북도 한 페이지를 넘긴다.

사람의 눈과 카메라의 시야가 다르다는 걸 실감하는 시간이었다. 눈으로 보이지만 카메라에선 보이지 않는 것을 구별해낼 수 있어야 했다. 동작을 하나하나 쪼개는 연습이자 모든 장면을 그림으로 옮겨 현장에서 놓치지 않기 위해 콘티를 짜는 것도 마찬가지였다. 촬영일 이틀 동안 콘티북을 옆에 끼고 아주 많은 것들을 기록해야 하는, 내게 맞춤할 것이라고 권해 준 스크립터. 꽤 긴장하며 열심히 폼을 잡았다. 내내 콘티북을 보면서 메모를 해야 하는 섬세한 작업으로 촬영장뿐 아니라 촬영이 끝난 후 편집 작업에서는 현장에서 일어난 모든 일을 편집 스텝들에게 다시 알려주어야 한다고 했다. 놓친 메모는 어쩌나 걱정을 했는데, 전문가 그룹이 우리 뒤에 있었다.

영도 토박이가 쓴 시나리오는 <불로초는 있다>이다. 불로초를 구하러 먼 길을 떠난 진시황의 사자, 서복이 제주도 가는 길에 이곳 영도에 들렀다는 이야기가 전해온다. 황당한 이야기는 신화적이지만 현실의 이야기로 되살아난다. 기러기 아빠 시완이 병이 낫겠다는 일념으로 불로초를 찾아 나서는 시나리오는 봉래산 중턱 '불로초 공원'을 모티브로 한 작품이다. 작품에서 아이와 아내는 전화기 너머에만 있다. 두 사람의 바라지를 하던 남자, 시완은 고단한 일상 중 병을 얻게 되고 아이를 위해서라도 살아야 한다는 일념으로 '불로초'에 희망을 얹어보는 것이다.

치유가 어려울 것 같다는 의사의 말을 들은 그가 병원을 빠져나와 스스로 불로초를 찾아나서는 설정은 봉래산의 전경을 영상에 담기 위한 장치이기도 하다. 뿌연 안개비 속 불로초를 찾아 헤매는 모습은 마치 그런 날을 택해서 촬영한 듯 안성마춤이었다. 그러나 진시황의 사자도 찾지 못한 불로초가 그의 눈에 뜨일리 만무, 자포자기의 심정으로 소주병을 들고 앉은 곳은 빨간 등대 아래 방파제다. 석양이 예쁜 영도 중리 해변에 있는. 그의 뒷모습이 슬프게 무너져 내릴 때 울리는 전화, '불로초'의 명랑한 문자 메시지는 "아빠 어디 있어? 아빠 보고 싶어서 우리가 왔어."이다. 그는 딸을 기다릴 수 있을까. 그에게 불로초인 딸이 돌아왔으니 아마도 다시 힘을 내지 않을까. 불로초의 기적이 일어나기를 바라며 엔딩에 박수를 보냈다.

기러기 가족으로 살아가는 선택, 아이의 성장을 위한 그 선택은 성공할 수 있을까. 마음이 무거워지는 건 일상의 무게 때문이다. 부여된 책임을 다하며 살아가는 일이 쉽지 않아서다. 스치는 상념 뒤로 가족, 한솥밥을 먹는 가족에 대해 생각한다. 혈연만을 고집할 수 없는 세상을 살아가는 지금, 우리에게 가족은 누구인가. 한솥밥을 나눌 수 있는 가까움의 거리는 심리적 · 물리적 거리를 아우른다. 동네에서 만들어가는 가족에 대해 생각하게 하는 영화이기도 하다는 걸, 찬찬히 되돌아본다.

긴 여름을 보내는 동안 한 편의 영화가 만들어졌다. 이틀간의 촬영 후 전문가의 손길을 빌려 편집을 하고 내부 시사회를 마친 영화는 10월 부산국제영화제(2023 COMMUNITY BIFF 마을영화만들기 프로젝트)에 올랐다. 마을영화 만들기에 참여한 3개 팀 단편을 묶은 한 편의 옴니버스 영화다. 한 곳은 영정사진을 찍는 이야기를 어르신들이 직접 출연하고 촬영까지 해서 인상적이었다. 다른 한 팀에서는 젊은 여성들이 주축이 되어 외지에서 온 낯선 이가 마을에 안착하기까지의 과정을 텃밭 농사를 중심에 두고 풀어간 이야기였다. 직접 시나리오를 쓰고 출연에서 촬영까지 해낸 열정적인 시간을 공유한 그날의 감동은 사뭇 컸다. 서로의 수고로움을 알기에 완성된 영화를 보는 순간의 짜릿한 성취감과 함께 무한 감탄을 나눴다.

함께 하자는 제안 덕에 영화 만들기 과정을 체험할 수 있었다. '어게인 항구극장'이라는 이름으로 함께 떠난 여행, 경험 수집가인 나에겐 엉뚱한 이 시간이 무척 흥미로웠다. 영화제에 올리던 그날 역시 살짝 흐리고 비가 내렸다. 흠뻑 취하고 싶은 부산국제영화제에 이렇게 참여하다니, 생각할수록 재밌고 신기하다. 살아생전 처음 해보는 특별한 경험, 일상을 반짝이게 하는 순수한 즐거움이었다.

시완에게 딸이 불로초였던 것처럼 우리 모두에게도 나만의 불로초가 있다. 재미난 활동을 하며 생기로워지니, 어쩌면 이렇게 함께 하는 시간들이 우리의 불로초는 아닐까. 몇 개월의 공동 작업으로 돈독해진 '어게인 항구극장'은 다음 활동으로 마을 영화 상영회를 계획 중이다. 밤하늘로 쏘아 올릴 골목영화제를 꿈꾸던 오래전 궁리가 이곳에 다다른 것일까. 작은 역할 하나씩, 자기만의 퍼즐 조각을 끼워 완성할 '별이 빛나는 밤'을 기다린다. 이제 엔딩크레딧에서 스크립터를 확인하는 버릇이 생겼다. 어느 영화에서는 스크립터 대신 '기록'이라고 표기하는 걸 발견했다.

770리터

유난히 길었던 올해의 해무, 영도는 안개비에 갇힌 듯 습했다. 여느 때 같으면 걸어가는 거리지만 정류장을 지나치지 못하고 버스에 오른다. 해무 자욱한 계절이 끝나가는 걸까. 오랜만에 푸른 바다가 선명하다. 오늘의 목적지는 동삼동 패총전시관, 정확히는 전시관 아래 하리항 초입이다. 같은 정류장에서 내린 세 사람도 비스듬한 사거리에 조르르 걸음을 멈춘다. 나란히 서서 신호를 기다린다.

버스에서부터 눈에 띄던 부자와 또 한 사람이다. 연두색 긴 토시를 한 아버지와 목 뒤까지 가려주는 모자를 눌러 쓴 초등생 아들. 신나 보이는 아이의 몸짓 때문이었을까, 저만치 떨어져서도 눈에 띄었다. 마주 선 모습에서부터 알 수 있었다. 종알거리는 아들과 흐뭇한 표정으로 내려다보는 아빠, 좋은 일을 하러 나설 때의 뿌듯함 같은 게 있다. 더구나 아버지와 아들이 함께 나서는 중 아닌가. 감춰지지 않는 건 사랑의 감정만이 아니다. 하차 벨을 누르려 막 들어 올린 손을 거둬들이게 한 이도 하얀 토시를 끼고 있었다.

일요일 오후 4시, 더운 계절이라 1시간 늦춰 진행되는 일정은 '바다쓰담'이다. 동네 마을카페(영도희망 21)가 주관하는 바다 쓰레기 줍기 활동으로 2019년에 시작되어 연간 서너 차례 이어지던 프로그램이다. 어느 날부터 아이들과 함께 하는 해안가 쓰레기 줍기 활동이 진행되는 걸 봤으나, 마음으로만 응원했다. 그 프로그램이 벌써 5년 차에 접어들었다. 작년부터는 매달 한 번씩 진행된다. 지난 4월과 5월엔 중리 해안에서 쓰레기를 주웠고 6월에 하리항으로 옮겼다. 7월 활동명은 '바다의 수호자 되기'다.

한국해양대학교 입구에서 태종대 방향으로 이어지는 하리항은 작은 어선들이 조업을 나갔다가 돌아오면 어시장이 열리기도 했다고 한다. 지금은 항만 일부가 매립되어 기다란 방파제가 저만치 나가 있고 바다 앞으로 고층 아파트가 들어섰다. 동삼 패총전시관을 지나니 왁자한 소리가 귓전을 울린다. 계단식 데크에는 이미 사람들로 가득하다. 야외 데크에서 이어지는 하리항 산책로는 해안으로 밀려온 쓰레기가 둥둥 떠다니는 걸 보면서도 그냥 지나치던, 발걸음이 무거워지던 곳이다. 불편한 속내 대신 못 본 척 시선을 돌려야 했다. 손을 뻗으면 닿을 듯해도 도구가 없으니 건져낼 수가 없었다.

올해는 최대한 참여하겠노라 계획했다. 지난 6월에는 발을 다쳐 참석하지 못했지만 긴 해무 끝 뜨거운 오후에 다시 나선 참이었다. 한낮의 열기가 가시지 않은 시간, 잠깐 망설임이 없지 않았는데 나만 그랬나 보다. 진행팀도 놀랄 정도로 많은 인원, 지난 4,5월보다 훨씬 많은 인원이 바다의 수호자가 되기 위해 모였다. 행사 후 기록을 보니 87명이 참석했다고 한다. 4개 조로 나뉜 아이들에겐 조별 활동 후 수거한 쓰레기로 형상을 만드는 미션이 주어졌고 어른들은 바로 해안으로 내려갔다. 제방 바위들의 납작한 단면 위로 햇살이 떨어지고, 여름비에 씻긴 돌들이 막 세수하고 난 얼굴처럼 개운해 보인다. 길쭉한 집게와 쓰레기봉투를 챙기면서도 인원이 많아 금세 끝나지 않을까 싶었다. 진행 팀에선 보기와 다를 거라고 했다.

역시나 크고 작은 바위 틈새는 온갖 종류의 쓰레기로 어지러웠다. 스티로폼, 비닐봉지, 빨대, 라이터, 각종 플라스틱과 찢어진 그물 조각이 쉼 없이 집게 끝에 걸렸다. 납작

구부린 허리가 뻐근해지도록 한 자리를 벗어날 수가 없었다. 조별 활동을 마친 아이들이 와르르 내려왔을 땐 잠시 집게를 넘겼다. 하나라도 더 집어내야 할 것 같아 마음이 급하지만 덕분에 잠시 쉬어간다. 주워낸 쓰레기를 조별로 모은 아이들이 다음 활동을 하는 사이 다시 집게를 챙겼다. 기왕에 낸 시간 조금이라도 더, 한 개라도 더 꺼내고 싶은 마음으로 하나 되는 순간, 어른 참가자들은 다시 돌 틈 사이로 몸을 수그린다. 이번에 찜한 돌 틈새는 부서진 스티로폼 가루가 잔뜩이다. 집게로 집어 올리는 걸로는 도무지 성에 안 찬다. 부삽이라도 있으면 한 삽씩 퍼내고 싶다.

바위틈새를 뒤적이며 생각한다. 한 달에 한 번으로는 턱없이 부족하지 않은가. 온 동네가 참여하는 어른들의 주간이 따로 있어야 하지 않을까. 아이들만이 아니라 기성세대가 솔선해야 하지 않은가. 이미 많아진 쓰레기 섬이 더 늘어나지 않도록 부지런히 걷어내야 하는데, 어찌해야 하나. 곳곳에 생긴 쓰레기 섬이 늘어만 가고 있다는데, 가까운 나라 일본의 해안에선 우리가 버린 쓰레기가 숱하다는데. 대다수가 아이들인 '바다의 수호자'들을 보며 미안하기만 하다. 안타까움만 차오른다.

아이들이 만든 건 쓰레기를 활용한 작품이었다. 패총전

시관을 둘러보는 조별 활동 후 겹아가리와 조몬 토기를 만들고 조개 가면도 만들었다. 이렇게 쓰레기가 많을 줄 몰랐다는 아이들의 이구동성엔 늘 면목이 없다. 이날 우리가 꺼낸 쓰레기는 770리터였다. '이렇게 주워서 언제?'라는 생각 대신 한 방울의 물을 나르는 벌새 되기. 내가 할 수 있는 걸 하기. 우리가 할 수 있는 건 해보는 거다. 아무렴 한 달에 한 번 마을 활동가들이 펼친 장에 함께 나서기만 해도 어딘가.

4월 700리터, 5월 250리터, 지난 6월의 650리터. 그만큼 거둬내었으니 그만큼 나아진 것이다. 쓰레기를 묶어 한 곳에 두면, 부산항만공사에서 수거해간다고 한다. 모두가 힘을 합해 지구를 살리는 중이다.

영도에 삽니다

수년 전 1천 원 재즈공연으로 처음 찾았던 영도예술회관은 지역 주민들이 참여하는 시낭송회에서부터 에든버러에 다녀온 연극 공연까지 소시민의 일상을 다채롭게 한다. 어린이를 위한 공연과 어른들을 위한 프로그램으로 한 달 몇 번의 저녁을 풍성하게 차려낸다. 지난봄엔 팬터마임 공연이 올라서 난생처음 마임공연을 관람했다. '윙윙 소리를 내며 귀찮게 하는 파리 한 마리'의 몸짓에 어른, 아이 구분 없이 온 신경을 집중한 첫 막부터 관객들과 함께 하는 마지막 무대까지 흥겨운 잔치 한마당이었다. 나란히 앉아 있는 작은 뒤통수들이 귀엽기 그지없었다. 세대 구분 없이 관람할 수 있는 공연은 늘 각별하다.

몇 년째 진행되고 있는 유럽예술기행 프로그램에선 분

기에 한 번 렉쳐콘서트를 진행한다. 물론 지역주민들에게도 열린 콘서트다. 강의와 공연을 합친 '렉처콘서트'를 좋아하는 건 강사님 덕분이기도 하다. 무대에 올려지는 작품들에 대한 뒷이야기를 듣고 나면 어쩐지 내가 아는 곡인 듯 한결 여유롭게 즐길 수 있다. 그 외에도 많은 공연이 상시로 이루어지는데 연주자들의 멘트 중에 한 가지 공통점이 있다. 이곳으로 오는 길이 너무 좋았어요, 이곳에 사는 분들은 정말 행복하겠어요, 다시 오고 싶어요, 라며 영도의 풍광에 대한 이야기를 빠트리지 않는다. 실제로 몇 년 후 다시 오는 연주자들 또한 그 점을 꼭 집어 말하곤 한다. 영도다리를 건너면서부터 어느 길로 오든 푸른 태평양과 함께 오는 길은 늘 보는 우리에게도 근사한데 어쩌다 한 번 오는 이들에겐 마치 시드니 오페라 하우스를 찾아가는 기분일 것이다. 영도 풍광 덕분에 관객과 연주자들이 한층 더 가까워진다.

영도살이의 장점 중 하나로 도서관을 빼놓을 수 없다. 봉래산 자락에 치맛단처럼 빙 둘러 자리한 영도는 산에 들어 한 바퀴 돌다가 원하는 동네로 내려가는 갈래길이 여러 곳이다. 그중 고신대 옆길로 내려오면 영도도서관이 있다. 책이 주인인 도서관이지만 우리 동네 도서관은 풍경 맛집이다. 창 앞으로 기다랗게 놓인 열람실 책상에 앉으면 그야말로 전망 좋은 카페이다. 환한 창 너머로 하늘과 하나인 듯한 바다가 눈에 들어오고 거두는 시선에 작은 공원이 따라온다. 마음을 빼기지 않도록 가끔 가리개를 내려야 한다.

어느 날부터 그 공원에 잇닿아 있는 운동장을 파헤치고 공사를 하고 있어 마음이 불편했는데, 실내 체육관이 들어섰다. 재활 운동이 주로 진행되는 프로그램을 확인하고는 편안해졌다. 장애·비장애 구분 없이 함께 이용할 수 있는 시설을 목표로 했다고 한다. 더 중한 일에 쓰이기 위한 양보에 기쁜 마음으로 발길을 돌렸다. 그 길을 따라 하리항 앞에 새로 생긴 작은 도서관에도 종종 간다. 저만치 작고 투명한 건물 너머 방파제 위로 파스텔 빛 하늘과 춤추는 구름, 기역 자 모양 전면 창으로 들어오는 풍경이 얼마나 사랑스러운지 이곳 역시 자주 고개를 들게 하는 단점이 있다. 이 소박한 행복 또한 평일의 여유가 있어야 누릴 수 있으니 일종의 특권이다. 주중 노동자로서는 누릴 수 없던 한가로움에 눈이 시릴 때면 바람에 날리는 나뭇가지 너머 비밀의 숲길로 먼 눈길을 보낸다.

한강 변에 짓던 아파트처럼 이곳에도 바다 전망을 독차지하고야 말겠다는 듯이 높은 아파트가 빙 둘러섰지만 그래서 더 애틋하고 그래서 더 감사히 자연을 마주하게 되니 한편으론 고맙다고 해야 할지. 게다가 이곳엔 꼬맹이 시절 한동네에서 지내던 고모네가 살고 계신다. 까끌거리는 턱 수염으로 어린 우리를 간지럼 태우던 고모부는 배를 탔는데, 팔순이 지난 지금도 현역이다. 여전히 살뜰하게 고모를 챙기는 고모부는 배에서 내린 후 그물 손질 작업을 해오셨다. 아직 일손을 놓지 못한 건 순전히 일터에서 놓아주질 않아서라는 고모 목소리에 자랑스러움이 묻어난다. 전문가의 시간인 것이다. 한평생 바다와 함께 한 굵은 손마디엔 위엄이 서려 있다.

까끌거리는 수염에 도망치기 바쁘던 꼬맹이가 이제 함께 늙어간다. 이따금 안부를 여쭐 때면 고향마을에서 함께 살던 그때가 되살아난다. 7남매 아버지 형제들이 흩어질 때 가장 먼저 선택한 곳이 부산, 그중에서도 영도였다. 먼저 떠난 고모네를 따라 큰아버지네가 이사했다. 큰어머니와 사촌 형제들이 부산 이곳저곳에 깃들어 산다. 이주자였던 동생은 또 다른 이주자인 아내와 두 아이를 키우며 살아간다. 먼 곳에서 온 동생댁은 비교적 이른 나이에 엄마가 되었지만 의젓하다. 이 땅에서 나고 자란 내가 가졌던 불안보다 초조해 보이지 않고, 아내를 살뜰히 위하는 동생 모습이 보기 좋다. 아이들은 자라고 다시 또 아이들이 자란다. 사랑이 넘치는 영도 할매는 불쑥 찾아든 외지인을 그때나 지금이나 반가이 맞아준다. 나 역시 마을 카페 덕분에 이곳이 금세 우리 동네처럼 편안했다. 월회비 5천 원에 미루고 있던 그곳을 몇 년 만에 다시 찾았다. 늘 그곳을 지키는 S님은 더 큰 소나무가 되어 마중한다.

젊은 부모가 도시살이를 시도했던 곳, 태어난 자리가 있는 도시에 다시 찾아온 지금. 희미한 기억을 더듬고 더듬어야 하지만 호기심 가득한 작은 아이였던 시절로 되돌아가는 중은 아닌지. 머뭇거리는 중에도 망설이던 틀을 하나씩 깨뜨려가는 나를 만난다. 막연한 마음을 건져 올리는 시도를 하고 그저 나로 살아가는 시간에 대해 질문하며, 실수하지 않으려 애쓰는 경직된 근육에 뻔뻔함의 옷을 입혀주기도 한다. 좋은 사람으로 보이려 애쓰기보다 있는 그대로의 나를 받아들일 수 있을 때, 있는 그대로의 그대들을 만날 것이므로.

피난길에 헤어진 가족을 찾기 위해 애타던 영도대교 아래는 저 멀리 이탈리아 로마까지 잇는 바닷길의 시작점인 유라리 광장이 되었다. 애타게 가족의 안부를 확인하던 눈물의 장소는 세계를 향한 열린 문이 되었다. 연중 다채로운 축제가 펼쳐지는 문화광장으로의 변신만큼 그 뒤로 자리 잡은 영도의 변화 역시 그 기세가 가파르다. 그림자보다 빨리 달렸다는 절영마처럼 서둘러 변하고 있다. 그러나 여전히 나는 천천히 달리기를 소망한다. 우리 보폭에 맞춰 한 걸음 한 걸음 더해가기를 바란다.

노인들이 많은 섬이라 '노인과 바다'라는 별칭을 얻은 영도에서 나도 노년을 맞이한다. 덜컥 서툰 몸짓에도 유연해지기를 꿈꾼다. 작은 실수에 얽매이지 않고 단호한 의견을 수용할 줄 아는 사람, 나를 향한 질문을 멈추지 않는 노년을 꿈꾼다. 대개의 진지함은 공연한 염려에서 비롯할 때가 많으니 가벼운 마음으로, 둘레길 지기가 되어 함께 걷기를 청하기도 하고 숲길 갈피에서 향긋한 차 한 잔 내어주는 이웃으로, 넉넉한 인심은 아니라도 가끔 마음을 내기도 하면서 그렇게 살아가고 싶다.

절영해안로와 봉래산 둘레길을 산책로 삼고, 도서관에서 오후를 보낸 후, 영도문화예술회관에서 마음이 닿는 프로그램을 누리는 노년을 계획한다. 가끔 해양박물관에 가서 조급한 마음일랑 내려놓고 긴 전시를 느리게 볼 것이다. 천장 높은 도서관 책장에서 바다를 꺼내고, 태평양을 마주한 벤치에 앉아 사과 한 알, 빵 한 쪽을 꺼낼 것이다. 그렇게 가벼워진 가방을 메고 아미르 공원을 한 바퀴 돌아 노을에 붉어져 가는 하늘을 따라 집으로 향할 것이다. 오래전 다녀간 태종대에도 가끔 갈 것이다. 어쩌면 그때는 코끼리 열차를 타게 될 수도 있겠지만, 전망대 카페에 앉아 주전자 섬을 바라볼 것이다. 은빛 출렁이는 푸르름 속으로 지난 시간을 떠올리면서.

아기 시절을 보낸 부산에서 늙어가는 중이다. 여행처럼 깃든 곳에서 삶을 짓는다.

4부

다음,
scene에 빠져들다

나도 시인이 되고 싶다*

책날개에서 마주친 시인의 환한 웃음이 참으로 맑다. 1946년생 시인, 나이를 가늠해본다. 우리 나이로 79세. 요즘은 계산법이 바뀌었다던가, 그렇다면 78세. 공연히 가까운 이의 나이와 견줘본다. 맑은 웃음이 부러워서이지, 그가 시인이라서가 아니다. 하지만 여적 '시공장'을 돌리는 마음갈피에서 피어난 웃음이리라. 하여 시가 없고, 문학이 없는 삶이 다시 애잔해진다.

굳이 거창한 시가 아니면 어떠랴. 일상의 나를, 오늘을 건너가는 나를, 문득 곰곰해지는 풍경을 따라가는 것만으로 충만할 것 같다. 무람없는 젊은이의 욕설에 괜찮다며 멈춰 서지만 한동안 우울한 속내를 풀어 시밭에 옮겨 놓으시

* 이상국, 『저물어도 돌아갈 줄 모르는 사람』(2021, 창비)을 읽고

니 어떤 항변보다 어떤 꾸지람보다 가슴에 닿는다. 젊은 당신 늘 젊기만 한 건 아니라오, 슬쩍 얹어 두신 것만 같다. 그냥 아무렇지 않은 건 아니라고, 당신도 늙어가고 금세 그 시간이 다가온다고 슬쩍 한 발을 거시는 듯하다.

자고로 먼저 살아간다는 건 이렇게 조곤조곤한 목소리로 한 마디 건네는 것이 아닐까. 앞서간 시간만큼의 이야기를 남겨두는 것이 아닐까. 길 가다가 주운 시 한 행을 잃어버릴까 봐 천천히 걷는 시인이 아름답다. 법문을 품에 안고 일상을 들여다보는 시인의 시선에 멋진 노년의 모습이 그려진다. 닮고 싶어진다. "누구에게 나쁜 맘을 먹는 건 독약은 내가 먹고 남이 죽기를 바라는 것과 같다"고 일러주시는 말씀. 허접스런 마음이 비집고 나오려는 순간을 멈춰 세운다.

환한 미소만큼이나 흔쾌히 내어주는 "노변잡담"이 따습다. 스스로를 벌주고, 두루두루 살피는 마음으로 탑을 쌓아 올린다. "쓸데없는 말 안 하고 마스크와 한 철 보내고 나니 아무래도 좀 커진 것 같다"는 시인의 미소가 푸근하다. 끝을 아는 이의 웃음, 생의 비밀을 아는 이의 웃음이리라. 부디 순한 마음으로 한 생을 갈무리해야겠다는 다짐 아닌 다짐을 해본다.

발문에 '따뜻함'이 뭉실뭉실 떠다닌다. '포근한 미소만큼이나 따뜻한 시에 살포시 몸을 밀어 넣은 것이었구나. 훈훈함이 깃든 시 언저리였구나. 갑자기 떨어지는 기온에 코를 훌쩍이면서도 어쩐지 몸이 차가워지지 않았던 게 그래서였구나. 아직 시린 기운 느껴지는 발에는 닿지 못한 걸 보니 조금 더 읽어봐야겠구나.' 다시 시집을 들고 아랫목에 자리를 잡는다.

발문을 읽지 않고 남겨두려던 마음을 미룬 건, 완결의 습관을 위한 것인지 시인의 시가 더 궁금해서였는지 알쏭달쏭하다. 굳이 따지자면 궁금증이 우선이었노라고 말할 수 있겠다. 정철훈 님의 발문에선 시인을 향한 깊은 이해와 애정이 뚝뚝 묻어난다. 이런 관계, 이런 '연(緣)', 참 아름답구나, 싶다. 뒤표지 안도현 시인의 글을 읽다가 나도 시인에게 근접한 것만 같다고 생각해본다. '먹먹해지긴 했어! 어느 시 언저리에서 먹먹해졌어.'

아무도 읽어주지 않는 시작 노트를 펼칠 때, 시인의 미소가 건너올지도 모른다.

외로움이 환해지는 시간

“외로움이 환해지는 순간이 있다.” 신형철 님의 시화집 『인생의 역사』에서 만난 문장이다. 잠시 숨이 멎는 듯했다. 외로움이 환해지는 순간이라니. 어떤 순간을 말하는 걸까. 어울리지 않는 단어의 조합, 의외성에 대한 무한 애정이 붓꽃처럼 열린다. 어쩐지 알 것 같기도 해서일까. 반갑기까지 했다. 외로움을 선명하게 인식하는 순간을 말하는 걸까. 혹여 이즈음의 어떤 쓸쓸한 기분에 그 이름을 붙여볼 수 있으려나.

작가는 황동규 시인의 시에 붙여 글을 썼고, 시인은 일생일대의 끔찍한 외로움을 경험하던 중 문득 극복할 수 있었던 어떤 계기가 된 그 한 순간을 ‘외로움이 환해지는 순간’이었노라고 표현했다고 한다. “그때의 외로움은 더이상

외로움이라고 불리는 그 감정이 아닌데, 고독과는 또 달라서 새로운 이름을 붙였"는데 그것이 '홀로움'이라고. 그렇게 「홀로움은 환해진 외로움이니」라는 시가 탄생했다는 얘기였다. 내 반가움의 지점과는 다르지만, 덕분에 나는 외로움에 대해 어쩌면 '홀로움'을 자신했던 마음에 이는 파장을 바라본다.

혼자 외롭지 않느냐는 물음은 먼 산의 메아리였다. 혼자라서 편안했다. 혼자라서 청소도 띄엄띄엄하고 혼자라서 설거지통도 비우지 않은 채 집을 나서기도 한다. 혼자라서 화장실 청소도 어쩌다 한 번으로 충분하고 혼자라서 빨래도 한참 만에 한다. 다음 빨래를 할 때에야 건조대의 빨래를 거둬들이는 게으름이 용납된다. 워낙에 바지런한 사람이 못되지만 크게 문제 되지 않는다.

혼자의 아침은 단출하다. 혼자라서 두유 하나 들고 나서는 길에 먹기도 하고, 혼자라서 계란 하나 빵 하나로도 충분하다. 사과 한 쪽을 더하거나 수제 요구르트를 더하면 건강식이다. 국 한 솥이면 일주일이 해결되고 김치도 크게 줄지 않는다. 혼자라서 냉동 피자로 저녁도 하고 내키면 맥주도 곁들인다. 어느 순간 식사 준비는 최소한의 품이 기준이 되었다. 간편식은 안 된다며 거부했지만 혼자라서 용인된다. 이미 한참 살았으니 이제 뭐, 괜찮다는 마음이다. 조리법 역시 최소화, 최소화. 코를 곯았는지 양말을 뒤집어놨는지 바지 주머니를 털라든지 후렴구 같은 잔소리도 필요 없다. 그저 나 하나만 챙기고 나 혼자 잘 놀면 되는 일상이다.

혼자 가는 식당도 익숙해진다. 허름한 식당은 허름한 대로의 매력이 좋고, 정갈한 한상차림은 깔끔해서 좋고, 가끔 특별식은 특별해서 좋으니 걸릴 것 없는 시간이다. 보리밥 한 그릇으로 끼니를 대신하면 설거지 없는 저녁이 편안했다. 그렇게 일상의 시계추 사이에서 간혹 혼자만의 외식을 즐기기도 했다. 그런데 어느 저녁 찬 바람이 옷자락을 비집었다. 바람 끝에 묻어온 찬 기운에 문득 가슴을 여몄다. 어둠이 내리고 불빛이 도시를 덮는 시간에 타는 밤 버스 속에선 피곤이 몰려왔다. 쌩쌩하던 체력은 간 곳 없고, 저녁 강좌를 듣고서 귀가할 때면 꾸벅꾸벅 졸다가 정류장을 지나치곤 했다. 허둥지둥 내려 되돌아 나오는 버스를 타길 몇 차례, 이제 나도 나이를 먹는구나, 밤하늘을 올려다봤다.

혼자 무섭지 않느냐는 지인의 말에 무감했던 나는 어느 순간부터 문을 잠그고서도 걸쇠를 걸지 않으면 대낮에도 편치 않다. 환한 거실과 창밖 푸른 하늘이면 충분하다며 현관문을 꼭꼭 닫는다. 잠자리에 들기 전엔 한 번 더 단속한다. 이전과 달리 두세 번 확인하는 내 행동이 차츰 강박적인 모습이 되어가는 걸 느낀다. 허전해서 라디오를 켜고, 적막을 핑계로 영상을 클릭한다. 혼자의 시간에 내려앉는 건 고요가 아닌 소란이다.

교수 시절 차가 없어 방안에 갇혀 지내다시피 하며 경험한 끔찍한 외로움. 그 외로움을 겪어낸 한 시인이 길어 올린 '홀로움'이란 단어를 아직 잘 모른다. 나는 이제 살짝 외로움이라는 단어를 떠올리는 중이고, 이제 막 외로움이랄 것이 옷섶을 열어젖히는 걸 느낀다. 홀로살이 처음에 가졌던 강렬하게 마주해보겠노라는 다짐에 책임을 져야 할 때가 왔는지도 모르겠다. 이제야 외로움이 환해지는 시간을 마중할 준비 중인지도.

시인이 정의한 '홀로움'은 그런 게 아닐까. 깊은 슬픔을 건너기 위해 넘어서야 하는 고통의 정점 같은. 외로움이 차오르고 차올라서 한순간 무념에 드는 경지. 그저 외로움이 아닌 한 존재로서의 나와 마주하는 찰나. 희미한 빛을 머금고 밝아오는 여명의 한순간처럼 외로움도 고독도 아무렇지 않은, 외로움을 깊이 마주할 수 있어 오히려 다행이다 하는 마음. 나는 아직 가닿지 못한 순간, 그래서 어색함이 먼저 반응했던 그 자리.

당당하게 마주할 수 있다고 큰소리쳤다가 슬며시 피어오르는 쓸쓸한 기분에 취해버리고 마는 나는 아직 홀로움을 마주하지 못한 게 분명하다. 오직 깊은 정적 속, 홀로 깊어지는 순간을 마주하기를. 그래서 환해지고 환해지기를 여전히 기다리는 마음이다.

아무도 미워하지 않는 자의 죽음*

"내게는 상처 입히지 못하는 것, 결코 파묻어버릴 수 없는 것, 바위라도 뚫고 나오는 것이 있으니, 나의 의지가 그것이다. 이 의지는 말없이 변함없이 세월을 뚫고 뚜벅뚜벅 걸어간다. 나의 의지, 나의 오랜 의지는 나의 발로써 걸어간다. 나의 의지는 굳세며 상처 입지 않는다."

—니체, 『차라투스트라는 이렇게 말했다』

영화 <재춘언니>는 콜트 · 콜텍(기타 제조) 해고자들의 복직 투쟁을 따라가는 다큐멘터리다. 니체를 읽으며 농성장의 밥을 짓던 순한 인상의 임재춘 씨는 '언니'라는 호칭을 얻었다. 세계 기타 시장 점유율이 30%에 이를 정도로

* 잉게 숄, 『아무도 미워하지 않는 자의 죽음』(평단, 2021)에서 빌려옴.

성공한 회사는 2007년 경영상 이유를 들어 직원들을 무더기로 해고하고 공장을 폐쇄한다. 국내 공장에서 만들던 기타는 인도네시아 공장으로 넘어갔다.

해고노동자들은 법원에 억울함을 호소했고 2009년 정리해고 무효소송 항소심에서 서울고법은 이들의 손을 들어줬다. '긴박한 경영상의 위기에 있다고 보기 어렵다'며 정리해고를 무효라고 판결했다. 그러나 판결은 2012년 대법원에서 뒤집혔다. 파기환송심과 대법원 상고 기각 과정에서 법원은 "미래에 다가올 경영 위기에 대처하기 위한 정리해고는 유효하다"는 법 논리를 내세웠다. 2018년, 이 사건이 양승태 대법원장과 박근혜 정부의 재판 거래 중 하나였음이 밝혀졌고 2019년 4월, 4644일, 13년 만에 투쟁은 끝났다.[2]

기타 만들기 30년, 자신들이 만든 세계적인 기타가 자부심이었던 그들은 그렇게 내팽개쳐졌다. 자라는 아이들을 돌보지 못하고 거리에서 투쟁하는 아버지. 일상이 무너진 시간들. 잃어버린 13년.

생계를 위한 일터에서 목숨을 잃는다. 끊이지 않는 사고에서 목숨을 잃는 이들은 하청업체의 하청업체. 가장 힘없

2 한겨레 https://www.hani.co.kr/arti/culture/movie/1038215.html

는 자리, 목소리 낼 힘조차 없는 이들이다.

"공장은 무사했다 나만 자살 되었을 뿐/ 아무 일도 일어나지 않았다"[3]

시집을 밀어두고 '생명안전 시민넷'을 찾아본다. 김훈 작가의 참여로 단체의 활동을 자주 볼 수 있기를 기대했지만, 대작가의 힘으로도 역부족인가보다. 언론의 관심, 그러니까 주류 언론의 관심사여야 매체에서 다뤄지는 것이다. 어쩌다 한 번의 관심에도 가슴 아픈 일들이 한두 가지가 아니지만 잠깐의 관심은 일상의 분주함에 밀려난다. 외면하고 싶은 마음이 먼저일지도 모른다. 단체 페이스북 화면의 첫 페이지다.

> 우리 생명안전 시민넷은
> 노동자가 죽지 않고 안전하게
> 집으로 돌아가길 원합니다.

2022년 4월 18일, '생명안전 시민넷'에 올라온 글의 주인공은 2019년 10월 부산 문현동 경동건설의 현장에서 사

3 김해자, 『해피랜드』, 「아무 일도 일어나지 않았다」, 아시아, 2020, 19쪽.

망한 故 정순규 님이다. 개인의 실수로 몰아갔으나 유족과 언론의 취재로 사고현장 조작 사실이 드러났고, 항소를 하였으며 4월 18일에 항소심이 열린다는 내용이다. 2년이 지나도록 애도의 기간을 갖지 못하고 진상규명의 시간을 살아가고 있는 유족들. 누군가 죽고, 누군가 사랑하는 이를 잃고 비통하지만 여전히 "아무 일도 일어나지 않았다." 2024년 4월에도 가족들은 5년 전 아버지를 사고로 잃은 그때에 머물러 있다.

"시 쓰고 책 내면 뭐 하나…" 시인의 고민이다. 시인은 다시 말한다. "부끄러운 웅얼거림이 시라 불려질 수 있다면, 나는 공들여 부단히 읊조릴 것이다. 희망이 없어도, 구원이 물 건너갔다 해도, 구조가 일상인 세계 안에서, 나는 입술을 깨물고서라도 신음처럼 모음만 새어나온다 할지라도, 지구라는 방주에 탄 해피랜드의 오늘을 바라보고 기억하고 기록할 것이다."[4]

읽는 나도 마찬가지다. 나는 왜 읽는가. 찾아 읽기도 아닌 주어진 읽기를 하는 나는. 바라보고 기억하기 위해서? 기억의 종착역은 어디인가, 어디여야 하는가. 그저 잊지 말자는 다짐들은 무엇을 할 수 있는가. 이 작은 다짐들이 모

4 앞의 책, 112쪽.

여 주춧돌이 될 수 있는가. '해피랜드'의 아이들, 다만 먹을 것을 소원하는 그 아이들이 스러져 가는 세상에서 희망을 말할 수 있는가. 병든 지구의 몸살을 목도하면서도 다른 방안, 다른 행동을 하지 않는. 막막함으로 내 일이 아니길 바라는 마음 밖에 가질 수 없는 나는 암담하기만 하다.

그럼에도 다시 희망을 가져야 하는 건, 시인이 시를 써야 하듯이 시를 읽으며 멈춰선 시간만큼. 한 걸음 나가는 것이라 믿고 싶은 마음이다. 아주 작은 한 걸음을 더해 가는 것이라 믿고 싶은. 한 발은 뗀 것일까, '중대재해 처벌 등에 관한 법률 2022년 1월 27일 시행.' 오래 표류하던 중대재해처벌법이 제정, 시행된 듯하다.

삶의 귀한 시간들을 빼앗긴 '재춘 언니'의 13년. 부당함에 항거하느라 목숨을 잃는 이들. 한 존재로 대접받지 못한 억울한 죽음의 원인규명을 위한 시간들. 슬픔과 충격 속에서도 놓지 않는 저항은 "수백 년 동안 졌다고 해서 시작도 해보지 않고 이기려는 노력조차 포기해버릴 까닭은 없기"[5] 때문이다.

5 하퍼 리, 『앵무새 죽이기』(열린책들, 2015)에서 흑인 남성을 변호하는 아버지에게 왜 변호를 하느냐 묻는 아이들에게 아버지가 말한다.

문장 구조에 갇힌 나

"우리의 사고방식은 문장 구조에 맞추어져 있고 사물을 바라보는 관점도 그 안에서 제한된다. 우리가 세상을 바라보는 방식이 '주어-목적어-서술어'의 틀에 짜맞추어져 있다는 뜻이다. 이런 문장론에서 벗어날 때 우리는 새로운 시각을 얻을 수 있고, 신선한 세상과 만날 수 있으며 글쓰기에 색다른 에너지를 불어넣을 수 있다."[1]

아침 산책을 나서기 전 책상에 앉는다. 불도 켜지 않은 채 희부옇게 밝아지는 아침 기운을 빌어 책을 편다. 그런데 하필 아리송하다. 고개를 갸웃하다가, "'나는 엉겅퀴 하나를 먹었다.'라는 문장을 썼다고 치자. 이 문장 때문에 당신

1 나탈리 골드버그, 『뼛속까지 내려가서 써라』, 한문화, 2020, 119쪽.

은 사람들에게 미쳤다는 소리를 들을지도 모른다. 하지만 이제 당신은 일상적인 문장 구조를 넘어서서 엉겅퀴와 새로운 관계를 맺고, 엉겅퀴가 당신을 영원히 변화시킨다는 사실을 알게 되었다."[2]

다음 페이지에서 조금 알 듯해진다. 아니다, 여전히 무슨 뜻인가 싶다. 찬물을 뒤집어쓴 듯하다. 갈수록 독해력에 한계를 느끼고 있지만 철학책도 아니고 난해한 문학서도 아닌데, 모처럼 부지런한 시간에 반갑지 않은 난관을 만났다. 잠깐의 여유를 뒤로 하고 채비를 한다. 모자를 쓰고 팔토시를 낀 다음 한 손엔 장갑 다른 손엔 핸드폰을 들고 나선다. 빗방울이 후드득, 우산을 챙기러 다시 올라가야 하나, 망설임보다 걸음이 빨랐다. 비 좀 맞지 뭐. 며칠 전 태풍에도 걸으러 나선 이가 있었다던데, 비 정도야 약과지 뭐.

서둘러 걷는 걸음에 '문장 구조에 맞추어져 있다'가 박자를 맞춘다. 경직된 사고를 말하는 걸까? 유연해져야 한다는 얘기겠지? 문장 구조를 넘어선다는 건 자유로운 상상력을 말하는 걸거야. 상상력을 발휘할 수 있을 때 다른 세계를 발견할 수 있다는 얘기일 거야….

2 같은 책, 119쪽.

공원에 다가갈수록 조금씩 빗방울이 더해진다. 공원 네 바퀴가 목표다. 아무래도 서둘러야 하니 가볍게 달리기를 시도한다. 몸풀기 시간을 아껴려 살짝 제자리 뛰기를 한다. 그런 중에도 며칠째 안 보이는 분이 떠오르고, 어제 만난 한 분이 아직 안 오셨네, 아무래도 흐려서인가. 그 시간 그 공간에서 마주친 이들의 안부가 궁금해진다. 전날 아침의 북적거리던 공원과 사뭇 다른 한가로운 정경 속에서 사뿐사뿐 걸음을 뗀다. 오롯이 혼자 걷는 아침, 빗방울이 주는 선물이다.

걸음을 옮기는 중 불현듯 한 생각이 떠오른다. 작년 5월, 지인의 딸 결혼식에서였다. 코로나로 결혼식이 귀했던 터라 오랜만의 잔치였다. 덕분에 반가운 안부가 오가는 시간이었다. 빗속에 출발했지만, 기차를 타고 가는 동안 날씨는 바뀌어서 햇살이 찬란한 날이었다. 5월의 신부는 장미가 피어나는 정원으로 입장했다. 신부의 머리 위로 떨어지는 햇살에 눈이 가늘어졌다. 식장엔 짧은 잔디가 바둑판처럼 펼쳐져 있었다. "잔디를 부러 조성했나 봐요!" 옆에 앉은 이가 말했다. "설마요? 아닐 걸요." 정확한 문장은 흐릿하지만, 평상시의 유보적인 답변이 아니었다. 가능하지 않을 것이라 단정한 것이다.

대화의 상대는 그 동네로 이주한 예전 직장 동료였다. 하지만 진실은 결혼식을 앞두고 깐 잔디였다. 네모난 조각이 선명했는데도 금세 잔디정원을 만든다는 게 이해되지 않았던 나는 내 맘대로 판단했던 것이다. 상상하지 못했다. 가능하지 않다는 생각이 먼저 작동한 것이다. 결혼식 말미에 알았지만 그게 아니었다고, 함부로 단정한 것에 대해 정정하지 않았다. '아, 정말 그런 게 가능하구나, 세상에!' 은근슬쩍 넘겼다. 뒤미쳐 비겁한 태도를 되새기곤 한다. 어쩌면 이 경우도 해당될까. '잔디는 씨를 뿌려서 오랜 시간을 들여 조성하는 것'이라는 틀에 갇혀 있었던 것일까.

한 달에 한 번 만나는 주말 모임이었다. 한 멤버의 집에서 모이는데, 벌써 여러 번 방문한 곳이다. 그날따라 화장실이 조금 어색했다. '어? 뭐지? 뭐가 달라진 건가? 지난달에도 이랬나? 거울이 바뀐 건가, 변기가 이런 모양이었던가? 어딘가 달라졌나?' 수건걸이도 쳐다보고 세면대도 다시 내려다보고 벽면도 살피며 이리저리 둘러봤다. 한쪽에 놓인 욕조를 보고서 '음, 욕조가 이렇게 있었어. 맞아!' 인상적이었던 이동식 욕조가 비스듬히 엎어져 있는 걸 보며, '그래 맞아, 지난번에도 저렇게 놓여 있었어. 한 달 만에 어색해진 건가?' 하며 생각을 멈췄다.

잠시 후, 화장실에 다녀온 k가 말했다. "욕실 바뀌지 않았어요? 그치 않아요? 맞죠?"라는 그녀의 목소리를 따라 머릿속이 분주해졌다. 전년도에 집 공사를 했는데, 설마 화장실 공사를 다시 했으리라고는 생각되지 않았다. 그러는 중에도 지난달에 본 욕실은 흐릿했다. 멀뚱한 나를 본 k가 "어, 생각 안 나는 거에요?"라며 웃었고 난 어색한 웃음만 지었다. 나중에야 변기가 살짝 삐걱였던 것 같다고 생각했지만 달라진 욕실의 차이를 못 느꼈다. 어딘가 어색하지만, 그건 느낌일 뿐이었다. 바뀐 게 틀림없다고 확신하는 지인 옆에서 어정쩡한 표정의 나. 아, 그때 집주인은 잠시 자리를 비운 참이었다.

그래서 어떻게 되었느냐고? 정말 욕실 공사를 한 것이었다. 조만간 결혼하는 둘째 아들이 2층에 들어와 살기로 했는데, 내부를 수리하는 중에 엄마 욕실의 변기를 교체해 주었다고 한다. 물론 2층도 이전에 함께 수리를 한 터여서 내겐 고려사항이 아니었다는 점도 변명 삼아 챙긴다. 그 현실적인 풍경 앞에서 지난 한 달 사이에 공사가 가능한가? 라는 질문과 집을 고친 지 얼마 되지 않았는데, 새삼 욕실 공사를 다시 했겠는가? 라는 생각이 먼저였다. 집을 수리할 이유를 찾지 못한 나는, '오늘 내가 어색한 건 뭔가 다른 이유가 있나 보다.'라고 결론을 지었던 것이다.

사실 그리 새삼스러운 일도 아니다. 지나는 길목에 어느 날 낯선 건물이 올라가면 당황스러워지는 경우가 많은데, 이전에 그곳이 어떤 곳이었는지 전혀 기억이 나지 않기 때문이다. 어쩌다 한 번 다니는 곳만이 아니라 일상적으로 지나치는 길목도 마찬가지라는 점에서 머리가 띵할 정도로 충격을 받곤 하지만, 어김없이 반복된다. 그렇게 어떤 생각에 사로잡히는 것, 눈앞의 것을 있는 그대로 보는 게 아니라, 어떤 이유, 타당성이나 당위성을 찾아서 짐작하는 것. 그것이 아닐까? 내가 세상을 바라보는 게 아니라 '주어-목적어-서술어'의 틀에 갇힌 반사작용이 아닐까. 억지스럽기는 하지만 아침 산책을 동무삼아 떠오르는 생각을 따라가는 즐거움이 있었다. 나름 감상에 젖어 집으로 향했다.

그런데 엉겅퀴를 이제는 약용으로 먹는다고 하니, 인용문장의 뉘앙스가 달라지는 건 아닐까. 아니면 애초에 "엉겅퀴 하나를 먹었다."에 대한 부분에서부터 길을 잘못 들어선 건 아니었을까, 다시 소심해진다. 어느 쪽이든 산책길 곱씹어보기는 꽤 흡족했다. 이렇게 더해가다 보면 조금씩 선명해질 것이라는 기대가 내 맘대로 줄긋기를 응원한다. 엉터리면 어때, 염려 대신 용기를 준다. 깜냥껏 이해하며 나를 키워가는 중이라고, 그리 생각해보는 아침이었다.

다시, 책으로 돌아가 보자. '문장론에서 벗어나는 건', '나는 개를 본다'라는 문장에서 내가 개를 보는 동안 개도 나를 보고 있다는 사실을 상기하라는 주문이었다. 주어진 그대로를 받아들이는 것에 그치지 말고 다시 질문하라는 말이다. 한발 더 나아가 세상에 존재하는 모든 것들, 의자, 공기, 종이 그리고 심지어 거리에 대해서조차 마음을 가진 존재로 다정하게 대해야 한다고, 그것이 우리 마음이 이루어내야 하는 제일 큰일이며 우리는 세계를 지배하는 주인이 아닐뿐더러 그건 망상이라는 카타기리 선사의 가르침을 새겨야 한다[3]는 전언이었다.

3 같은 책, 122쪽.

아버지에 대한 찬가*

"부모의 뒷모습을 바라보고 자란다."는 말의 무게에 짓눌릴 때가 있었다. 엄마 되기가 두려웠다. 그럼에도 불구하고 부모 되기를 포기하지 않은 건, 완벽한 사람은 없는 것처럼 완벽한 부모 역시 마찬가지일 것이라는 생각을 비빌 언덕 삼아서였다. 부족한 모습을 보고서도 배울 수 있는 것들이 있음을 믿는 마음이기도 했다. 어쩌면 한때의 망설임은 바라던 부모상 때문인지도 모른다. 자신만의 정립된 가치관과 신념을 갖고 흔들림 없이 살아가는 어른, 길을 묻는 아이들에게 여러 갈래의 길을 설명해 줄 수 있는 어른, 그런 부모의 모습을 갈망했던 것이다.

당연하게도 내가 부모 되어 살아가는 세상에서 깨닫는

---

* 정지아, 『아버지의 해방일지』(창비, 2022)를 읽고

다. 세월 따라 저절로 자라는 건 없을뿐더러 비범은 평범한 사람들의 길 위에 존재한다는 것을. 평범이 먼저였다. 별일 없이 살아가는 것이 얼마나 많은 수고를 담보하는 것인지. 작은 것이 작은 것이 아님을 알게 될 때, 부모 세대의 간난한 생을 떠올려보게 된다. 철없던 아쉬움이 밀려난 자리에 애틋함만 남는다.

그런 한편에 혁명가 부모를 둔 삶은 어떤 것일까. 이념을 논하는 혁명가인 부모의 일상을 마주하며 키워온 세계는 어떤 것일까. 어린 그녀가 감당해야 했을 무게라든가 지금에야 가능해진 이야기를 품고 살아온 지난 시간의 노고는 알지 못한 채, 신념의 생을 목격한다는 것에 마음이 머문다. 평범하지 않은 부모의 삶을 뿌리 삼아, 풍파의 시대를 함께 건너온 생들을 줄기 삼아 펼쳐지는 이야기에 압도된다.

빨치산의 딸이라서 보았던 세계는 아버지 사후, 경계를 쉬이 넘나드는 주변 인물들에 의해 더욱 확장된다. 협소한 이념에만 매몰되지 않았던 아버지의 광폭 가슴에 들어찬 이들은 친구이자 웬수 같은 내 사람들이며, 목숨 바쳐 구하고자 했던 민중들이다. 제각각의 사연들에 뭉툭 가슴이 베이고 슬쩍 어깨에 둘러준 따스함에 고개를 든다. 노란 머리

어린 소녀를 "그래도 양심은 있어야제."하며 한적한 골목 어귀에서 맞담배 피워주는 할배는 정녕 너무도 멋져서 눈시울이 뜨거워진다. '네 엄마 나라는 미국을 이긴 유일한 나라이니 자랑스러워해야 한다'고 말해주는 동네 어른, 그러니 기죽지 말라고 검정고시 치르고 나면 소주 한 잔 사주겠노라 흔쾌한 할아버지. 그 한 사람이 있어 아이는 이제 제 앞의 생을 씩씩하게 헤쳐나갈 것이다. 아쉽게도 단 한 사람 막냇동생의 아프디아픈 마음을 달래주진 못했으나 때때로 부리는 강짜 아닌 강짜를 무심으로 마주한 건 어찌할 수 없는 그 슬픔의 처연함을 알기 때문일 것이다.

아버지 고상욱만이 아니라 한 시대를 '항꾼에'[2] 살아간 이들 모두가 아름다운 한 사람이라는 것을 작가는 촘촘한 에피소드에 묶어낸다. 더구나 그 사연들은 자주 유쾌하기까지 하다. 아내의 전남편이자 친구였던 윤재를 무람없이 호출하는 두 사람의 호방함에서 혁명가의 면모를 느꼈다면 너무 가벼운 감상일까. 굳건한 신념 위에서 한없이 유연해질 수 있음은 혁명가의 면모 아닌가. "자네는 뭐 땜시 혁명을 했능가?"라는 한 마디에 다락 속 아끼는 그릇을 꺼내 상을 차리는 엄마. 옛 시동생의 안부를 나누고, 떠나보낸 아

2 '함께'의 전라도 사투리.

내의 여동생 안위를 확인한다. 큰 것을 잃어본 사람들만이 가질 수 있는 대범함이 뭣이 중헌지 가늠하게 한다.

연좌제로 공직에 나갈 수 없었던 조카는 그예 큰 병을 얻고 위중한 중에도 작은아버지의 장례식장을 찾아 조문한다. 체념이 아닌 이해, 아마도 조카는 생의 마지막을 향해 가는 동안 용서의 문제가 아님을 알게 되었을 것이다. 울다, 웃다, 눈물 콧물 짜며 왈칵 솟는 눈물을 자주, 와르르 웃음도 여러 번, 위트 넘치는 문장과 상황묘사에 작가의 문장력을 탐내기도 하면서 혁명가 부부의 삶을 들여다봤다. 따뜻한 한 사람의 생애를 그가 사랑했던 딸의 시선으로 마주했다. 관계에 대해 '오죽하면' 하는 마음으로 당신을 활짝 열어준 사람, 사랑할 줄 아는 한 사람을 만났다. 소설이지만 소설만은 아닌, 고작 4년의 신념을 평생동안 지켜낸 견고한 한 생의 이야기였다.

비록 "아버지는 그러지 말아야 했"던 무심한 말을 툭 내뱉기도 하지만 민중을 사랑하는 혁명가의 정신으로 똘똘 뭉친 한 생애를 마주하며 생각한다. '항꾼에' 살아가는 것에 대해. 공동체를 말하면서도 혼자의 안락함에 먼저 기우는 나는 다시 '항꾼에'를 마음에 품는다. "노동이… 노동이… 힘들어!"라는 혁명가의 솔직한 속내에서 자기 몫의 노동을 감내하는 무수한 우리의 노동에 대해서 생각한다. 혁명 못지않은 '노동'의 숭고함을 생각한다.

"고통스러운 기억을 신이 나서 말할 수도 있다는 것을 마흔 넘어서야 이해했다. 고통도 슬픔도 지나간 것, 다시 올 수 없는 것"[3] 전기고문 정도는 도리어 견디기 쉬웠다는 말이 아리지만, 어떤 고통도 지나가므로 우리는 살아낼 수 있다. 슬픔을 딛고 선 그곳에서 다시 찬란한 생을 마주할 수 있다. 격동의 세월을 지나왔으면서도 유쾌함을 잃지 않았던 아버지의 한 생이 찬란해서 딸의 예찬은 당연하다. 가슴에 대못이 박힌 채 살아낸 또 다른 아버지들 역시 예찬받아 마땅하다.

---

3 정지아, 『아버지의 해방일지』, 창비, 2022, 27쪽.

서로에게 기대어

아픈 사람이 아픈 사람을 위로한다.

측은지심, 그것은 일종의 경험에서 비롯되는가 싶다. 내 마음이 이럴진대 너는 어떨까 하는 마음. 그러니 내가 너를 이해하고 싶지 않을 때 그것은 발현되지 않는다. 중년이 되어 애틋해지는 건 세월의 흐름에 뜻대로 되지 않는 시간을 지나 온 때문이며 상대 또한 마찬가지라는 걸 살피는 마음이다. 도저히 이해할 수 없는 영역이 여전히 있지만 그 이해의 폭이 조금 커지는 건 시간이 주는 인생의 선물일지도 모르겠다.

겨울 끝 어느 주말, <나의 올드 오크>와 <가버나움>을 연달아 보게 되었다. 까만 밤바다와 나란히 집으로 돌아오는 길, 두 영화가 머릿속을 꽉 채웠다. 짙은 어둠을 뚫고

퍼져가는 불빛들을 하염없이 바라보았다. 아픈 사람이 아픈 사람을 위로하는구나. 그럼에도 불구하고 손을 내미는구나, 먹먹한 가슴으로 버스에서 내렸다. <나의 올드 오크> 감독 켄 로치의 전작 중 한편인 <나, 다니엘 블레이크>가 마음을 울렸던 건, 그가 보여주는 사람들, 힘없고 빽없고 그래서 자존감도 잃어버린 이들에 대한 섬세하고 따뜻한 시선 때문이었다. 그러나 결론은 다르지 않다. 아슬아슬한 심정으로 바라보는 인물들의 처지가, 물살 거친 개울에 놓인 돌다리를 건너려 애를 쓰는 상황인 채로 영화는 끝난다. 따뜻한 시선만으로 해결되는 건 없었다. 현실에서도 마찬가지일 때가 많다. 내가 무엇을 할 수 있는지 막연한 중에 왜 아무것도 하지 않느냐는 물음이 떠나지 않는다.

그럼에도 다시 영화 속 인물들에게서 힌트를 얻는다. 복지 시스템 영역 밖으로 밀려난 한 여성이 아이들을 양육하기 위해 결국 성노동을 하기로 한다. 그녀가 이 상황을 헤쳐나갈 방안은 없어 보인다. 일방적인 도움을 받기에는 자존심도 상하고 도와줄 여력이 있는 이들도 많지 않다. 제각기 제 삶을 살아내기에도 버겁다. 그렇지만, 그럼에도 불구하고 그녀를 돕고자 하는 마음을 가지는 이 역시 그녀와 별반 다를 게 없는 주변인 중의 한 사람, 다니엘 블레이크였다. 동심지행(同心之行)[1]의 마음으로 내미는 손길을 그녀가 자존심만으로 거절한 건 아니다. 그 역시 간당간당 위태로운 처지에 놓여 있기 때문이다. 자신의 전부를 내어주는 것이기에 차마 받을 수 없다. 같은 처지에 놓인 이웃은 손을 내미는데, 규정이 먼저인 시스템은 외면한다. 무엇이 중한지 소리 높여 외쳐보지만 무슨 소용인가. 살아가는 건 해답 없는 질문들 속에서 길을 찾아가야 하는 것을.

<나의 올드 오크>는 쇠락한 도시로 밀려오는 이민자들에 대한 원주민들의 위기감을 보여주며 시작한다. 제2도시로서의 위용을 잃은 지 오래인 광산 도시, 호황기를 경험했지만 이제는 쓸쓸한 도시에 시리아 난민들이 들어온다. 왜 하필, 왜 여기에, 우리도 살기 힘든데. 반감은 오히려 자연스럽다. 그 가운데서도 손을 잡아주는 건 연민의 정일 것이다. 주인공 TJ 역시 자신의 상처를 덮고 견뎌낸 시간이 있었기에 가능하지 않았을까. 광부였던 아버지를 여의고 아내마저 떠나면서 삶의 의미를 잃은 채 바다를 향해 걸어갔던 TJ. 우연히 다가온 강아지 한 마리가 그를 살게 하고 다시 삶으로 나아가게 했다. 그런 그가 이제 그 거리에 들어온 난민들을 향해 손을 내민다.

---

1 '동심지언기취여란'(마음을 함께 하는 말은 그 냄새가 난초와 같다) 중 '동심지언'을 차용한 단어.

이민자들이 탄 버스를 못마땅하게 바라보던 한 주민이 야라의 카메라를 뺏어가고 결국 망가진다. 사진 작가가 꿈인 야라, 부서진 카메라에 애를 태우는 그녀에게 TJ는 유품으로 갖고 있던 카메라를 내준다. 하지만 야라는 아버지의 선물인 자신의 카메라를 고쳐야 한다. 가족들과 함께 오지 못하고 감옥에 갇힌 아버지, 카메라는 다시 볼 수 있을지 알 수 없는 그 아버지를 대신하는 것이다. TJ는 몇 대의 카메라를 동원해서 그녀의 카메라를 수리해 준다.

오래된 주점, '올드 오크'를 찾는 마을 주민들은 자신들이 그 가게를 유지시켜 주고 있다고 생각한다. 그러니 그 공간 또한 자신들이 1순위여야 한다고 여긴다. 아마도 그 생각은 당연하고 불안한 현실에서 타자를 위한 품을 내지 못하는 것 또한 당연하다. 내 것도 부족한데 나눠 달라니, 기가 차고 그들이 싫을 뿐이다. 이민자를 거부하는 그들을 비난할 수 없다. 하지만 생각한다. 1, 2차 대전을 모두 겪은 슈테판 츠바이크가 우리에게 남은 유일한 무기라고 했던 '온기', 그 온기가 있어 우리는 희망을 꿈꿀 수 있지 않을까. 마을 주민들 역시 조금씩 마음을 열고 다가간다. 이민자들과 함께 밥을 먹는다. 함께 먹을 때 더 단단해진다는 것을 기억한다.

<가버나움>의 두 인물 자인과 에콰도르 이민자 라힐. 그 어려운 처지의 두 사람이 서로를 돌본다. 사랑을 나눴던 남자는 자신의 짐이 무겁다며 아이를 가진 여자를 두고 떠나버린다. 돌보려는 의지도 없다. 자인의 부모가 그런 것처럼. 혼자 남겨진 라힐은 아이와 함께 살아내야 한다. 위조 신분증으로 겨우 청소 일자리를 구해 살아가는 중이다. 아기 요나스를 화장실에 숨겨두고 일을 한다. 그런 그녀에게 다가간 자인을 집으로 데려간다. 내 아이를 버릴 수 없듯이 자인을 버릴 수 없었으리라.

자인은 라힐의 아이를 돌보며 가족이 되어간다. 하지만 사막의 오아시스 같은 평온은 너무나 짧다. 어느 날 라힐이 체포되고 영문도 모르는 자인은 혼자 힘으로 아기를 돌본다. 끝까지 아이를 포기하지 않으려는 자인의 눈물겨운 몸부림을 보며 하염없이 눈물이 흘렀다. 자신 역시 암담한 중에도 갈 곳 없는 소년의 손을 잡아 준 라힐과 사라진 그녀의 아이를 돌보는 자인. 서로를 향한 측은지심으로도 버텨낼 수 없는 세상이 원망스럽기만 했다. 하지만 더는 견딜 수 없는 자인의 발버둥이 그들을 새로운 국면으로 이끈다. 자인과 라힐, 그리고 요나스는 이제 새로운 세상을 꿈꿀 기회를 갖게 된다.

절대의 무기는 되지 못했지만 그 온기로 인해 버텨낼 수 있었다. 부모를 고발하는 처연한 절규 너머 인간다움을 잃지 않게 한 온기, 우리 삶에 소중한 부싯돌이 되어줄 그 마음이 있어 가능했다. 마음을 함께 하는 사람끼리의 말은, 그 향기로움이 마치 난초와도 같다는 '동심지언기취여란(同心之言其臭如蘭)'을 빌려 마음을 함께 하는 사람의 행동 또한 그 향기로움이 마치 난초와도 같을 것임을 생각한다. 측은지심의 뿌리가 향기로운 난초로 피어나게 할 온기, 그 소중한 마음을 놓치지 않아야겠다.

소희에게

같은 이야기 다른 시선, 연이어 본 두 편의 영화는 다른 이야기인 줄 알았더니 같은 얘기다. <다음 소희>와 <가재가 노래하는 곳>은 '폭력' 앞에 무방비인 아이들, 그 아이들이 살아내거나 결국 살아내지 못한 것에 대해 말한다. 가재가 노래하는 습지의 품에 안긴 카야가 깃털 같은 응원에 기대어 기어코 살아냈다면, 기댈 곳 없는 현실의 소희는 실오라기 같은 희망 하나 부여잡지 못해 결국 세상을 버린다. 살아서는 벗을 수 없는 갑옷을 벗기 위해 저수지로 간다. 영화보다 현실이 더 잔혹하다는 말은 그저 힘들다는 하소연에 건네는 위로이길 바랄 때가 많지만 현실은 자주 우리를 당혹스럽게 한다. 그 세상을 만든 이들이 바로 우리라서, 어찌해야 하느냐는 물음은 메아리조차 갖지 못한다.

아빠의 폭력으로 인해 가족들이 뿔뿔이 흩어지고, 혼자 남은 습지에서 살아가는 어린 카야. 외딴곳에서 혼자 살아가는 어린 여자아이가 위험에 노출될 확률은 100%, 이웃들의 도덕성이 절대적으로 필요하다는 점에서 위태로웠다. 하지만 친절할 것 없는 마을 사람들 가운데서도 한 가닥 동아줄이 있었으니 그들 또한 소수자인 유색인이었다. 차별받는 그들이 또 다른 차별과 위험 앞에 놓인 아이에게 보내는 따뜻한 시선 끝에서 온 힘을 다해 홀로 자란다. 당당하게 자라는 카야를 보며 흥분했다. 실화인가 봐!

반면 현실의 소희, 우리 사회의 아이는 더 이상 견딜 수 없노라는 말조차 하지 못한다. 후배들을 생각하고 학교와 선생님의 입장, 그리고 부모의 상황을 고려해야 한다. 어른들의 파렴치한 기대를 거부하지 못해 결국 스스로를 놓아버린다. 괜찮다고 네가 아니면 아닌 거라고 말해주는 어른이 없다. 현장실습생들의 안타까운 사고는 끊이지 않고 반복된다. 현실은 뉴스조차 되지 못한다. 그저 내가 아니기만을 바라며, 내가 할 수 있는 일이 그리 많지 않다는 안타까움만 안은 채 일상으로 시선을 돌린다. 무엇을 할 수 있을지 막연할 뿐. 작은 응원도 시간 따라 희미해진다. 보호받을 권리조차 가지지 못한 아이들에게 일어나는 일을 망각의 편으로 밀어두려 한다.

마음 불편한 영화는 늘 힘겹다. <다음 소희>를 보러 나선 건, 우리 함께 이야기를 나누자는 제안에 동의하는 몸짓, 영화를 보는 것도 작은 동참이라 여기고픈 마음이다. 특정 도시를 설정한 이유가 궁금했는데, 우리나라 지방도시에서 일어난 일을 모티브로 한 영화다. 굳이 실화임을 말할 필요도 없이 이미 무수한 실화들이 넘친다. 특성화고 아이들을 현장실습이라는 이름으로 교육의 연장이라는 명목하에 착취하는 사회, 그것을 묵인하고 방치하는 사회, 오히려 조장하는 사회. 콜센터 실적을 비교하듯 아이들의 취업실적을 비교하고, 실적 따라 학교 지원이 달라지고, 지원을 받아야 학교가 운영되고, 학교가 유지되어야 교사의 일상이 유지된다. 아이들이 처한 상황에 관심을 가져야 할 교육청 또한 타교육청과의 경쟁으로 정량적 수치 외에 무엇으로 비교할 수 있느냐며 당당하다. 내 잘못이 아닌 것이다.

경찰도 마찬가지다. 사건 너머를 들여다볼 여유 같은 건 없다. 고발이라도 들어왔느냐며 소희의 죽음 뒤 당연한 의문에 한 걸음 더 들어가는 동료형사를 이해하지 못한다. 우리는 모두 바쁘다. 우리는 모두 아프다. 현실에 치열한 우리는 정해진 경계가 있다. 그 선을 넘는 순간 서로를 피곤

하게 할 뿐이다. 속 깊은 얘기 같은 건 나눌 여유조차 없다. 개인도, 조직도. 대가 없는 수고는 부질없다고 만류한다. 내 소관을 넘어서는 일이므로, 일개 학교의 일이 아니므로. 교육청의 몫이 아니므로. 교육부의 책임이므로. 그러나 교육부는 이미 감정 없는 조직일 뿐이다. 약자인 아이들을 지지하고 격려해야 할 대상으로 보지 못한다. '힘든 일을 하는 사람을 힘든 일을 하기 때문에 무시하는 사회'는 누가 만들고 있는가. 가난해서, 약자라서 버거운 삶을 버리고 떠난 동료에 대한 애도조차 빼앗겨버린 현실. 그 시스템의 바퀴에서 빠져나올 방법이 없는 아이는 결국 죽음을 택하고 만다.

학교는 묻지 않는다. 돌아오라고 말하지 않는다. 너로 인해 후배들의 기회도 빼앗기면 어떡하냐는 말 외에 다른 말을 할 수 없는 선생님, 가진 것 없는 부모가 '그만 두면 안 되냐'는 아이의 절규를 못 들은 척 귀를 닫는 현실이 서글프다. 현장실습을 그만두기 위해선 학교를 그만둬야 하는 아이들, 제 미래를 스스로 버려야 시스템의 바퀴에서 벗어날 수 있는 아이들의 삶은 무엇인가.

핸드폰 속 모든 걸 지우면서도 남겨둔 유일한 장면, 명랑하고 발랄했던 소희의 춤, 그녀의 소리 없는 몸부림에 가슴이 무너져 내린다. 소희가 남겨진 이에게 전하고 싶은 말은 무엇이었을까. 형사 또한 어떤 아픔과 소외를 가진 듯 회색빛이라서 소희에게 다가가려 했을지도 모른다. 예측 가능한 아픔은 견딜만 하다. 경계를 넘어선 이해는 불가하다는 것에 어떻게든 경계선 안쪽에 있어야 하는 이들의 몸부림이 처절하다. 말하지 못하는 이를 향한 무례함 역시 그들을 희생양 삼은 삶이다. 우리 삶은 많은 부분 타인의 희생을 담보로 한다. 배려가 계속되면 당신은 약자가 된다는 한 철학자의 조언이 부메랑처럼 되돌아온 아침. 그럼에도 우리 안의 배려를 기대하고 있는 현실감각 없는 나를 본다. 아이들의 처절한 절규와 몸부림에 눈감는 어른은 아니고 싶다.

깃털 같은 호의가 한 생명을 살아가게 한다. 습지 소녀 카야는 이른 새벽 홍합을 캐내는 생명력으로 넘치지 않는 관심과 절제된 배려 속에 살아낼 수 있었다. 아이들을 살아가게 하기 위해서 건네야 할 깃털, 간섭이 아닌 관심에서 출발해야 하는 것에 대해 우리는 미루고 있다. 내가 할 수 있는 게 없어서 미루고, 누군가 대신해주길 바라며 시간을 보낸다. 실화인 줄 알고 가슴 떨며 본 영화는 소설을 기반으로 한 가상의 시나리오였다. 카야의 살아내기는 현실이 아니라서 가능했을 것이다.

카야의 이야기가 실화였으면 했다면 소희 이야기는 실화여서는 안 된다고 말하고 싶다. 되돌아갈 곳 없는 아이들이 택할 수 있는 선택지는 그만두는 것이다. 학교이거나 삶이거나. 그렇다고 누구나 죽음으로 가야 하느냐의 문제가 아니다. 대기업의 징계 3일은 부모님에게는 휴가로, 선생님에겐 잘못했다고 머리 한 번 조아리라는 조언을 건네는 시간일 뿐이다. 견딜 수 없이 힘든 아이에게 괜찮으냐고 묻지 못하는 건, 차마 묻지 못하는 것이라 할지라도 안타깝고 안타깝다. 제 손목을 그은 아이의 술기운이라는 말을 그대로 믿고 싶은 마음이라서 부모는 두고두고 땅을 칠 것이고, 들어주지 못한 선생님은 두고두고 제 밥벌이가 목에 걸릴 것이다.

우리는 무엇을 위해 사는가. 인간다운 삶은 돈 앞에 너무도 약하다는 걸 그저 수긍하며 고개를 끄덕이고 말아야 하는가. 돈 앞에 자유롭지 못한 소시민은 먼 산만 바라본다. 수습 기간이라며 인센티브도 거부하고 동료가 죽은 날 애도는커녕 이런 때일수록 열심히 일해야 한다며 독려하는 삶 역시 처연하다. 그 또한 다른 소희라서 아프다. 나는 아니라고 자신할 수 없어서 슬프다. 춤추기 좋아하던 아이가 그저 제 모습대로 살아갈 세상은 정녕 불가능한가. 정녕 우리에게 방도는 없는 걸까. 다시 낙오자가 될까 두렵지만 다른 꿈을 꿀 수 있는 용기를 내어 본다. 세상의 소희에게 전할 희망 한 줌, 결코 이 희망을 놓지 않을 것이다.

햇볕 반, 그늘 반*

'비앙카는 먼 곳에서 왔어요. 어릴 때 엄마가 돌아가셨어요. 나처럼.'

사람들과 어울리지 못하는 라스, 제발 함께 식사하자고 애를 태우는 형수의 제안도 요리조리 피해 다니던 그가 여자친구를 소개한다. '비앙카'라는 이름의 인형이다. 리얼돌은 섹스 인형이라는 공식에 익숙한 사고는 제멋대로의 상상을 낳지만, 영화는 감동적이며 진심 어린 이야기로 인도한다.

형의 결혼 후 창고 방에서 지내는 라스, 혼자가 편한 라스는 형수의 끈질긴 저녁 초대가 불편하다. 사람들과 교류

* 영화 <내게 너무 사랑스러운 그녀>를 보고

하지 않는 그의 칩거에 애가 닳는 형수는 무시로 퇴근길의 그를 멈춰 세우지만 도망치듯 자신의 공간으로 들어가서는 문을 닫아건다. 아이를 가진 형수의 모성은 단지 부푼 배 때문이 아닌 태생적 모성이다. 모성이 태생적이라는 말은 아니나, 라스의 주변 세계와의 단절에 애달파하는 그녀의 마음은 어미의 마음이다. 내 아이가 세상 속으로 한 걸음 나아가기를 바라는 마음이다.

도망치듯 문 뒤로 사라지는 라스를 향해, 초대하고 또 초대하지만 춥다며 형수에게 숄만 둘러주고는 줄행랑친다. 애착인형처럼 내내 지니고 다니는 그 숄은 엄마가 자신을 위해 만들어 둔 것이다. 그런 숄을 형수에게 건네는 마음이지만 자신조차도 어찌할 줄 몰라 문을 닫아걸기에 급급하다. 그런 그가 어느 날 불쑥 소개하는 여자친구, 리얼돌에 당황스럽지만 라스는 진심이다. "비앙카는 먼 곳에서 왔어요. 어릴 때 엄마가 돌아가셨어요, 나처럼." 비앙카에게 자신을 투영한 라스는 끊임없이 말을 걸고, 끊임없이 대답한다.

형수의 눈빛엔 엄마가 있다. 이게 무슨 짓이냐, 소리칠 것만 같던 형을 멈추게 하고, 동생을 다시 바라보게 한다. 자신을 추스르느라 놓쳤던 어린 동생의 슬픔을 되짚어 볼 기회를 갖게 한다. 현명한 의사는 라스의 환상을 있는 그대로 받아들이라 권고한다. 형과 형수는 마을 사람들에게 협조를 구하고, 거부하던 마음들은 합의에 이른다. 라스를 아끼는 마음으로 라스의 시선을 따라 비앙카를 받아들인다. 상처받은 아이를 품고 살아가는 라스를 대하는 형수의 마음이 번져서 가능한 것이 아니었을까. 나무뿌리에 스며드는 물처럼 라스를 돌보는 그들의 표정은 이미 충만하다. 누군가를 진심으로 위한다는 건 내가 행복해지는 일이다.

이제 라스는 비앙카를 대동하고 교회에 가고, 파티에 참석하면서 사람들과 어울리기 시작한다. 어느덧 비앙카는 자기만의 일정을 갖게 된다. 라스만의 비앙카가 아니다. 그 여정엔 마을의 어른들이 함께 한다. “네 소유가 아니야, 비앙카도 비앙카만의 세계가 있어.” 누구도 소유하는 것이 아니라는 것을, 어울려 산다는 건 상대를 자유롭게 하는 것이라는 걸 배운다. 차근차근 세상을 향한 시선을 키운다. 어린 라스가 자란다.

의사 역시 비앙카를 진료하며 라스를 치료한다. 작은 접촉에도 소스라치게 통증을 느끼는 그를 위해 엄마가 아기를 만지듯 살포시 어루만진다. 의사와의 상담이 진행될수록 그건 라스만을 위한 것이 아님을 알 수 있다. 드러내지 못하던 그늘, 비앙카를 빌려 라스를 치유하는 과정에서 의사의 그늘도 햇볕으로 나앉는다. 어느결에 의사는 자신의 상처를 발견하게 되고, 형 또한 라스를 돌보지 못한 미안함으로 외면하던 과거의 자신을 되돌아본다. 회피나 도피가 아닌 아직 어렸던 자신을 이해함으로써 라스의 환상을 있는 그대로 봐줄 수 있게 된다.

누군가 내 말을 들어주는 것은 위안이 되고, 누군가에게 내 이야기를 할 수 있다는 것은 이미 반쯤은 스스로 모서리를 다듬었음을 보여주는 것이다. 진정한 공감이란 상대방의 입장이 되어보는 것, 그리하여 그의 마음을 헤아려보는 것이다. 공감은 상대에게로만 향하지 않고 내 안의 생채기를 치유하는 것이기도 하다.

어른이 된다는 것

어른이 된다는 건 뭘까, 라스의 질문에 형이 말한다. "다른 사람을 돌보고, 그러다 '상처'도 받지." 상처를 받을 줄 알면서도 다른 사람을 돌보는 것, 관계 맺는 것. 어른이 된다는 건 그런 것이라는 형의 말에 라스는 자신의 상처를 들여다본다. '나도 이제 어른이 되어야겠다. 누군가의 상처를 감싸줄 수 있는 어른이 되어야겠다.'

마고의 침범하지 않는 공감에 조금씩 마음을 여는 라스, 여전히 머뭇거리지만 마고의 곰돌이를 인공호흡 해주는 모습에서 이제 그녀에게 한발 다가선 그가 보인다. 비앙카를 배신할 수 없다는 말에 온전히 동의하는 마고를 보며 그는 그녀를 신뢰하게 된다. 마음이 놓인다.

그는 이제 비앙카를 보낼 준비가 되었다. 상처받은 내 안의 작은 아이를 보듬고 쓰다듬어 주는 여정을 마치기로 결정한다. 자신 스스로 또한 가족과 마을 공동체의 전폭적인 동조의 몸짓들 속에 이젠 앞으로 나가기를 택한다. 비앙카를 보내고, 마고가 내민 손을 잡는 그에게 이제 통증은 없다. 비앙카의 장례 후, "우리도 이제, 돌아가야지"라는 마고의 말은 집으로 돌아가자는 말이자, 내 앞에 놓인 삶을 대면하자는 말이다. 씽긋 웃는 라스는 이제 그녀의 손을 잡고 현실 속으로 걸어 들어간다. 세상을 향해 한 걸음 내딛는 아이처럼, 자기 주변의 세계를 받아들인다.

엄마가 만들어 둔 숄을 늘 갖고 다니는 그가 비앙카를 통해 주변과 관계 맺기를 연습하고 사람들 가운데로 한 발 더 내딛는다. 비앙카는 자신이었다. 그가 전하는 비앙카의 이야기는 자신의 이야기다. 말 없는 그녀에게 끊임없이 하는 말은 자신에게로 하는 말이다.

애도는 충분해야 한다고 한다. 슬픔을 묻어두는 것이 아니라 충분히 슬퍼해야 한다고 한다. 자기를 낳다 돌아가신 엄마, 가장 원시적인 사랑의 대상인 그 사람을 놓친 처절한 기억. 그것이 자신의 잘못이라 여기며 살아온 라스의 애도는 외롭고, 힘들었을 것이다. 말하지 못한 슬픔에 그는 문을 닫아걸 수밖에 없었을 것이다. 최소한의 교류인 직장생활 외에는 어떤 관계도 원치 않는 사람으로 살아갈 수밖에 없었을 것이다. 그에게 필요한 건 엄마에 대한 애도였다. 충분히 슬퍼한 후에야 앞으로 나아갈 수 있는, 그것을 알아챈 이들의 현명함이 그를 세상으로 이끌었다.

재작년 10월 29일 밤, 우리는 또다시 어처구니없는 일을 겪었다. 잘 구축된 시스템이 무탈하게 구해낼 것이라 믿었지만, 무참한 일이 되풀이되었다. '국가가 가만히 있을 리 없다'는 희망은 우리의 바람일 뿐이었다. 이후의 정황들 역시 어이없는 상황의 연속이었다. 근조 없는 검은 리본에서부터 위패도 영정도 없는 분향소를 맞닥뜨렸다. 뒤늦게야 희생자들의 영정과 위패가 놓인 분향소가 꾸려졌다. 유족들의 황망함을 무슨 말로 위로할 수 있을까마는 애도의 자리는 보장되어야 한다. 떠난 이들을 향한 기도가 남은 이들을 살아가게 하는 힘이다.

기다림

애도하지 못하고 아파한 라스를 주변 모든 이들이 한마음으로 보듬었다. 혼자만의 시간은 길었지만 늦은 애도와 함께 제 안의 슬픔을 마주했다. 다시 꾸린 분향소는 애도의 시작일 터이다. 시작조차 부정당한 그 슬픔, 무엇으로도 대신할 수 없는 그 아픔을 드러내지도 못하게 일찌감치 차단하는 태도는 우리에게 더 큰 숙제를 남긴다. 얼기설기 찢어 붙인 헝겊 쪼가리로 덮고자 하는 그 큰 아픔이, 그 큰 상처가 터져 나올 때 누가 위로해 줄 수 있을 것인가. 부글부글 용암이 들끓게 될 것이다. 우리 모두를 상처 입힐 것이다.

또한 '기다림'이다. 모두가 기다려 준다. 형수가 기다려 주고, 마을 사람들이 기다려 준다. 그의 망상을 놀리지 않고, 그의 환상을 함께 봐준다. 형과 형수, 직장 동료 그리고 마을은 근사한 공동체였다. 예수라면 어떠했을까를 기준으로 삼자는 공동체는 매력적이다. 현실에선 있을 수 없는 일이라며 불편한 마음을 누르고 영화적 환상이라도 필요한 게 아닐까. 마음을 다독인다. 번짐은 어느결에 우리에게 스며들 것이니.

중요한 건 '기다림'이다. 공동체에 중요한 것 역시 기다림이다. 라스를 기다려 준 공동체처럼 우리 또한 아픈 애도를 기다려줘야 한다. 라스의 애도를 지지하는 그들처럼 아직 끝나지 않은 유족들의 애도를 기다려야 한다. 너의 슬픔은 우리의 슬픔이다. 너의 아픔은 우리의 아픔이다.

너를 위하는 건, 나를 위하는 것. 그들을 위한 건, 우리를 위한 것. 햇볕 반 그늘 반이라는 말처럼 우리 삶은 햇볕만으로도 반대편의 그늘만으로도 살아갈 수 없다. 때로는 내가 너의 햇볕이 되어주고, 때로는 네가 나의 햇볕이 되어야 한다. 햇볕 한 줌을 내어주는 것으로 어느 날의 내 그늘이 위로받을 것을 믿는다. 라스의 그늘 곁에 형수의 햇볕, 마을 공동체의 햇볕, 마고의 햇볕이 노랗게 내려앉았다. 우리의 햇볕은 어디에 내려앉을 것인가. 라스의 주변처럼 바람직한 공동체에 대한 희망을 가져본다.

숙연한 삶을 위하여*

먹먹함으로 멍해졌다. 차마 하지 못한 이야기들을 가득 안고 떠나는 토미의 눈빛에 시큰했다. 그 시선 끝 덤덤한 듯 무표정한 캐시의 텅 빈 눈빛에 가슴이 아렸다. 한 줄기 실낱같은 희망에 들떴던 토미의 절규에 엉엉 소리 내어 함께 울고 싶었다. 토미의 어깨를 감싸 안는 캐시의 소리 없는 절규에 눈물이 맺혔다. 어디에도 출구가 없는 그 암담함, 그 막막함에 가슴이 조여 왔다. 대신 울어줄 수 있다면, 울어주는 것으로 된다면 그렇게라도 해주고 싶었다. 그럼에도 살아가야 한다는 점에서 원본들의 삶 또한 다르지 않다는 걸 이미 알고 있음에도, 그들이 가련했다. 제 몫의 고난과 고통을 기본값으로 갖고 살아가야 하는 삶, 복제인간

* 영화 <네버 렛 미 고>를 보고

을 만들어 영생을 도모할 듯이 덤비는 인간들에게도 어김없이 부여되는 그것.

굳은 심지가 느껴지는 캐시의 초연함은 어디에서 힘을 얻는가. 책이었을까. 영화 내내 그녀의 손에는 책이 들려있다. 왜 그랬을까. 작가는 혹은 감독은? 난 분명 캐시를 질투하는 친구 룻에 가까운데, 마지막에 용서를 비는 용기라도 가능하면 좋겠다 생각하면서도 시선은 캐시에게로 향한다. 캐시가 가장 근사해 보이므로. 캐시를 닮아야 할 것만 같아서. 장기를 내어주고 텅 빌지언정 초연하고 싶어서.

헤일셤의 아이들에게 영혼이 있음을 증명하고자 실험했다는 이들 앞에서, 어떤 위로도 줄 수 없는 그들을 이해한 것만 같은 캐시에게서, 생명 유예를 청원하는 노력에도 담담하게 최선을 다할 뿐 호들갑스럽지 않은 그녀를 보면서 생각한다. 혹여 그녀의 강건함은 노상 끼고 있는 책에서 가능한 것이었을까. 아마도 캐시는 자신의 상황을 수긍하며, 또한 원본들과 다르지 않은 영혼이 있는 존재로 스스로를 받아들였던 건 아닐까. 그녀가 읽고 있는 책들에는 분명 자신들에 대한 얘기가 쓰여 있진 않았을 텐데. 인간 원본들의 얘기만 있을 텐데, 그들만의 세상이 펼쳐져 있을 텐데. 자신들의 얘기가 아닌 원본 인간들의 서사와 사유를 따라갈

터인데, 그녀에게 다가온 것들은 무엇이었을까. 어떤 의미가 되어줄 수 있을까.

인간 원본들의 삶이 길어 올린 책을 내내 손에서 놓지 않은 캐시를 보며, 내 이해의 틀을 깨고 확장하기 위해 무엇을 해야 하는지, 책 읽기의 작용 혹은 효능인 간접 체험, 타자 체험을 통한 이해 그리고 치유, 여전히 유효한 그것에 대해 생각한다. 애써 수고하는 힘을 책 속의 인물들을 통해 배운다. 마음을 다지고 또 다지는 결심과 각오, 나와 다르지 않은 한 사람이 고난 앞에 어떤 태도를 취하는지를 통해 배우며, 나를 일으켜 세운다. 그러나 캐시는 다르지 않은가, 그래서 여전히 책을 들게 한 어떤 의도를 이해하지 못한 채이다.

그럼에도 간병인이 되기를 자처하고, 긴 시간 간병인으로 잘 견뎌낸 캐시의 인내는 책으로서 가능했을 것이라 짐작하는 한편 어떤 연대도 갖지 못한 것에 대해 생각한다. 거부의 몸짓 대신 순순한 수용으로 사그라드는 건 어떤 기대도 주어지지 않기 때문이다. 마음을 다스리고 건강하게 몸을 관리하는 것에 최고의 의미를 부여하게 한 교육은 그들을 위한 것이 아니었다. 원본을 위해, 건강한 신체를 유지해야 했다. 소모품이자 대체품으로 살아가는 건, 장기 기증을 위해 태어난 캐시와 토미, 롯만이 아니다. 현실에서도 대체품 취급을 받는 일은 부지기수다. 헤일셤 출신의 그들이 연대하지 못한 건 어떤 희망이 없어서였지만 현실에서의 소수자들은 희망을 향해 연대를 구성한다.

하지만 노동자의 권익을 위한 파업에 대해 벌금을 부과하는 판결 앞에 움츠러들 수밖에 없다. 송두리째 내어주고도 감당할 수 없는 보상이라는 칼날에 포기를 선택할 수밖에 없게 된다. 희망조차 공유할 수 없을 때 그 연대는 힘을 잃는다. 원본과 대체품의 차이다. 원본이 갖는 선택의 기회를 대체품은 갖지 못한다. 한 생명을 내 소용에 닿는 소모품으로 여길 수 있는 것, 그것에 동의한 사람들의 세계. 영화에 기본값으로 깔린 그것이 무섭다. 누군가를 소모품으로 대체품으로 취급할 수 있다고 말하는 것만 같아서.

“시즈카의 첫 새끼 뽀로가 시즈카가 지켜보는 가운데 짐칸이 달린 트럭을 타고 떠나갔지요. 자신의 새끼를 영원히 만날 수 없다는 것을 안 시즈카는 엄청 슬픈 목소리로 매애애애 하고 울었어요. 그야말로 가슴을 쥐어뜯는 듯한 소리로 울부짖더니 한참 지나자 아무렇지도 않은 듯이 다시 풀을 뜯어 먹었습니다. 참 듬직하고 기특하고 훌륭해 보였어요.”『염소 시즈카』 시리즈의 작가 다시마 세이조가 쓴 작가의 말 중 일부이다.

울부짖음조차 삼킨 채 친구들의 간병인으로 긴 시간을 견뎌내는 캐시의 마음이 무엇이었는지를 발견한다. 기특하고 안쓰러워서, 또한 훌륭해서, 캐시와 그의 친구들 앞에 숙연해진다. 내 곁의 누군가인 것만 같아서 주변을 둘러본다. 기특한 이들을 향해 따뜻한 손길 한 번은 건네줄 수 있어야 할 텐데, 두 손을 모아본다. 먹먹함은 사라지지 않는다. 내가 소모품이 될 때가, 내가 대체품이 될 때가 여전히 유효하므로. 다시 나를 향한 먹먹함이다.

가난한 자리, 낮은 자리에서 경험하는 것들의 소중함에 대해 동의한다. 간혹 아니 자주 오히려 다행이다 생각하기도 한다. 그럼에도 부지불식간에 망각하기 일쑤다. 떨어진 낙엽 한 장만큼의 기울기를 힘이라 여기는 무례함을 저지른다. 누군가의 대체품이 아닌 내가 나로 살고자 하는 길이 아찔한 살얼음판을 걷는 일임을 생각한다. 숙연한 삶을 품는다.

위험! 올라가지 마세요.

모르는 척하고 살 수 없어서*

“내가 38살 때 동일본 대지진이 일어났다. 내가 직접 피해자가 된 건 아니었으나 그 일은 내 40대를 관통하는 일상을 지배하는 선율이 되었다. 왜. 어째서. 왜 그 사람이. 왜 내가 아니라. 이대로 끝인가. 이대로 도망칠 수 있을까. 계속 모르는 척하고 살 수 있나. 어떻게 해야 하지? 어떻게 해야?” 신카이 마코토는 자신의 영화를 직접 소설화한 책 『스즈메의 문단속』 ‘작가 후기’에 이렇게 적었다.

영화 <스즈메의 문단속>은 재난을 막기 위한 스즈메의 고군분투기다. 동일본대지진으로 간호사였던 엄마를 잃고 울며 찾아 헤매던 스즈메는 ‘내 아이가 되어’ 달라는 이

* 영화 <스즈메의 문단속>을 보고

모의 손에 이끌려 서쪽 끝으로 이사한다. 엄마를 대신하여 생의 한때를 자신에게 내어준 이모와 유쾌한 가족을 이뤄 살아간다. 10여 년이 흘러 이모에게 잔소리도 하는 의젓한 고등학생으로 성장했지만 여전히 그날의 기억이 자주 꿈으로 찾아온다.

어느 날 등굣길에 마주친 낯선 남자, 쇼타. '폐허'가 어디 있냐고 묻는 그에게 끌리는 마음을 뒤로 하고 학교에 간다. 그 후 이상한 일이 일어난다. 친구들은 보지 못하는 붉은 불기둥이 보이고 잠시 후 지진 발생을 알리는 문자와 함께 주변이 흔들린다. 알 수 없는 힘에 이끌려 달려간 산속 폐허에서 마주친 '낡은 문', 한 걸음 다가선 문 너머에는 꿈속에서 보던 세계가 펼쳐진다. 문턱을 넘어서면 사라지고 다시 문턱을 넘어서면 사라지는, 한발 물러서야 보이는 세계 앞에서 혼란스럽기만 하다.

어찌할 바를 모르는 와중에 '요석'[2]이 모습을 드러내고 스즈메는 그것을 뽑는다. 돌멩이(요석)는 털복숭이 고양이로 변하더니 달아나버리고, 다시 마주친 쇼타에게서 '문을 닫아야' 하는 이유를 듣는다. 그는 재앙을 막기 위해 문을

2 일본 민속신앙에서 전국 곳곳에 지진재앙(미미즈)을 억누르고 있다는 쐐기. 재앙을 막을 수 있는 중요한 역할이지만 재앙과 함께 돌덩이로 봉인되어 있어 뽑히는 순간 변심이 심한 고양이로 변해서 자유를 찾아 멀리 도망가거나 관심과 애정을 받고 싶어 하는 것 같다.

닫아야 하는 임무를 가진 '토지시'[3]였다. 둘이 힘을 합쳐 가까스로 문을 닫고 마을은 재난의 위기에서 벗어난다. 하지만 재앙을 봉인하고 있던 쐐기, 자신이 뽑아버린 요석. 그로 인해 열려버린 재난의 문. 스즈메는 어찌해야 할 것인가. 책임을 져야 한다. 이제 책임감이 스즈메를 이끈다. 토지시로서의 본분을 다해야 하는 소타의 여정에 함께 한다. 그리고 얼마 되지 않아 협조자였던 스즈메는 소타를 대신하게 된다. 변신한 요석, 다이진의 마법으로 의자에 갇혀버린 소타를 옆에 끼고 재난을 막으러 나선다. 쇼타 대신 토지시가 되어 문을 닫아야 한다. 전국의 폐허를 찾아 열리는 문을 닫아야 한다. 두려움 같은 건 가질 겨를이 없다.

"우리 집 아이가 되어줄래?" 환하게 반기던 스즈메에게 단번에 빠지고 만 다이진. 그러나 자신은 스즈메의 아이가 되지 못했음을, 소타를 잃고 통곡하는 그녀 곁에서 깨닫는다. 다이진이 비워버린 요석의 자리에 누군가 가야 하고, 소타 대신 자신이 가겠노라는 스즈메를 보며 알게 된다. 다이진 역시 스즈메를 보낼 수 없다. 탈주의 해방감을 만끽하던 다이진은 결국 자신의 자리로 돌아가기로 한다. 꼼짝없이 한 자리를 지켜야 하는 쐐기가 되기를, 다시 요석이 되

---

3 재앙을 불러일으키는 문을 닫는 일을 사명으로 하는 사람.

기를 자청한다. "스즈메 네 손으로 되돌려 줘." 자신을 반겨준 스즈메의 첫 모습, 그거면 되었다.

일본 열도의 서쪽 규슈에서 시작하여 시코쿠, 고베 그리고 도쿄까지 재난을 막기 위해 필사적으로 문을 닫아가는 여정은 일본 사회에서 기억해야 할 실제 재난 현장을 되짚어가는 애도의 여정이기도 하다. 그 여정은 스즈메가 엄마를 잃고 울며 헤매던 이제는 폐허가 되어버린 동쪽 끝 후쿠시마에서 마친다. 처음 그 자리에 다시 선 스즈메와 애초의 자리로 되돌아간 다이진. 그렇게 둘은 한 쌍의 닮은 꼴처럼 새로운 출발선에 선다. 재난을 막기 위한 여정에서 치유된 스즈메와 그녀의 다정함으로 위로받은 다이진은 이제 또 다른 여정을 향해 나아간다.

그 길에서 만난 이전의 재난 희생자들이 보여준 무조건적인 협조, 고난에 사로잡히지 않고 현재에 충실한 이들이 보여준 연민은 사랑의 실천이다. 폐허가 어디에 있느냐는 소타의 물음에 잰걸음으로 따라나선 스즈메와 제 몸이 붙박여지는 걸 자청하는 다이진의 선택 또한 사랑의 실천이다. 날로 위태로워지는 지구에서 우리가 살아갈 수 있는 건 서로를 향한 관심에 있다고 이 영화는 말하는 듯하다.

세월호의 아픔이 가슴을 찌르는 중에 우리는 또다시 처

참한 일을 목격했다. 이태원 골목길에서 믿지 못할 참사가 일어났다. 좁은 골목길에 갇혀 선 채로 압사된 있을 수 없는 일로 159명의 젊은 목숨을 잃었다. 믿기지 않는 밤이 지나고 한순간에 가족을 잃은 아픈 가슴들만 남았다. 어떤 이유도 듣지 못하고, 어떤 책임도 묻지 못한 채, 추모의 자리도 마련하지 못해 영정사진을 품에 안은 유족들이 이곳저곳을 떠돌았다. 2년 만에야 지역 관할 경찰서장에게 책임을 물어 해임했다. 사실 한 사람의 책임을 묻는 게 무슨 소용이겠는가. 어떤 규명도 없이 잊혀진 이들의 절규, 영원히 끝날 수 없는 절망에 눈물은 멈출 수 없을 것이다.

애도의 여정이기도 했던, <스즈메의 문단속>이 건네준 건 위로와 희망이었다. 재난 앞에서 서로를 향해 내민 손이었다. 재난의 당사자였던 스즈메가 그 재난을 막아내기 위해 누구보다 앞서 나갈 수 있었던 건 그를 보듬고 아낀 이모가 있어서였다. 요석 다이진이 벗어나고 싶었던 쐐기로 되돌아간 건 다정한 스즈메를 향한 사랑이었다. 왜, 내가 아닌가 라는 물음 끝에 스즈메를 보듬어 안은 '이모'가 있다. 그 자리에 가지 않아 피할 수 있었던 우리가 해야 할 일이다.

많은 이들이 그렇겠지만, 나 역시 세월호가 40대를 관통하는 가시가 되었다. 화창했던 그 봄날이 다른 어떤 날보다 또렷하게 남아 있다. 8년 뒤 이태원 참사가 나의 50대를 뚫고 지나간다. 차마 믿기지 않아 거짓 뉴스인 줄 알았던 그 밤이 지워지지 않을 것이다. 내 아이와 또래인 아이들이었다. 무탈한 밤을 그저 감사할 수 없었다. 세월호 후 나는 아이와 아이 친구들이, 그 또래의 아이들이 짠하다. 또래 친구들의 또 다른 비극 앞에서 어떤 마음을 갖게 될까. 더 마음이 쓰였다. 사회적 트라우마의 강도가 어느 세대보다 높을 것만 같아 안쓰럽고, 희망을 버릴 것만 같아서 안타깝다. 친구를 잃은 것만 같은 심정일 것 같아서 더 애잔해지는 것이다.

아이들만이 아니다. 교사와 다른 희생자들이 있었고, 쓸려간 아이들을 건져 올린 잠수사들이 있었다. 그 잠수로 인한 후유증을 돌보지 못해 다시 희생된 잠수사의 죽음 앞에 눈물을 참을 수가 없다. 도대체 우리는 무엇을 위해 살아가는 것인가. 사람답게 살아가는 걸 잊어버린 건 아닌지, 절망스럽다. 그런 한편에 잊지 말자고 잊어버려선 안 된다고 그 삶을 조명하는 작업을 멈추지 않는 이들이 있어 또 한 가닥 가냘픈 희망을 부여잡는다.

재난안전법에 따르면, 세월호나 이태원 참사처럼 특별재난지역으로 선포된 지역에 대한 추모 사업 비용을 국고로 지원할 수 있다. 하지만 실제로 관련법에 따라 지원한 사례는 없다고 한다. 세월호 유족들도 10년이 지나도록 서울시의회 기억공간을 임시 공간으로 두고 있으며, 그마저도 철거 통보를 받은 상태이다. 이태원 희생자 또한 2년이 지난 지금까지도 온전히 머물 곳을 찾지 못했다. 우리는 안다. 다시 일어서기 위해 필요한 것들을. 가장 먼저 온전한 추모를 할 수 있어야 한다는 것을. 애도 없이 다음으로 건너갈 수 없다는 것을. 그러니 희망한다. 희생자들을 위한 공간이 마련되어야 한다. 진정한 의미의 애도를 할 수 있도록 우리 모두 관심을 기울여야 한다.

모처럼의 서울행에 이태원으로 향하던 걸음을 쭈뼛거린 가을이 후회된다. 그 골목으로 가려던 걸음을 차마 떼지 못하고 다른 길로 가고 말았다. 해줄 수 있는 게 없다고 고개 숙이는 대신, 티끌 같은 위로라도 더하는 것으로 아픈 등을 어루만져야 한다는 걸, 그것이 우리의 일임을 잊지 말아야겠다. 세 차례 이사를 다닌 '별들의 집'[4]이 최근 다시 또 임시장소를 마련했다. 그나마 지난 5월에 이태원 참사 특별법이 통과되어 추모관 건립을 논의할 수 있게 되었다고 한다. 다시 또 지난한 여정일 것이다.

4 이태원 참사 추모의 공간.

모르는 척하고 살 수 없고 그래서도 안된다. 어떻게 되어가고 있는지 지금은 어떤지 일상의 틈을 비집고 묻자. 서로를 향한 연민의 실천은 그렇게 작은 한 걸음에서 시작된다. 그 아픔을 외면하지 않는 것에서부터. 여정 끝에서 스즈메가 치유된 것처럼 유족들이 깊은 애도 후에 내일을 맞을 수 있도록 귀를 기울이고 두 손을 모아야겠다. 생존자와 유가족이 증언하는 이태원 참사, 『우리, 지금 이태원이야』를 넘기는 손끝이 떨린다.

다섯 사람의 도움*

흐릿하고 답답했다. 휠체어에 앉은 그의 눈높이에서 바라본 세상은 가장자리가 없는 식빵처럼 작아져 있었다. 잘려 나간 모서리는 어디로 사라진 것일까. 뭉툭 끊겨버린 길 위에 선 것처럼 갑갑했다. 일상을 도와주러 오는 간병인의 얼굴을 우리는 끝내 보지 못했다. 감독은 주인공 야코의 시선, 그의 가슴높이에서 펼쳐진 세계를 우리에게 보여주고 싶은 듯하다.

야코는 휠체어 없이는 한 걸음도 움직일 수 없다. 눈도 보이지 않는다. 영화를 무척이나 좋아했던 이 남자는 다발성 경화증을 앓고 있다. 그로 인해 시력도 잃었다. 여자친구와 통화 중 바닥에 떨어뜨린 핸드폰을 줍기 위해 움직이

* 영화 <그 남자는 타이타닉을 보고 싶지 않았다>를 보고

다 바닥에 미끄러져도 일어날 수 없다. 간병인이 올 때까지 그대로 기다려야 한다. 전화기 너머에서 여자친구가 도움을 요청한다고 하지만 남자는 그냥 기다리기를 택한다. 그 한 시간이 어떤 시간일지 나는 짐작할 수 없다.

여자친구의 목소리와 함께 시작되는 하루, 야코를 깨어나게 하는 건 어쩌면 그녀일지도 모른다. 얼굴도 본 적 없는 두 사람은 '우리가 사랑일까.' 아직 확신하지 못하는 듯하다. 하지만 우리는 안다. 오후 3시, 알람처럼 울리는 아버지의 전화를 받을 때와 시시콜콜 일상을 공유하는 그녀와 통화할 때, 그가 다르다는 것을. 목소리와 톤, 대화 사이 어색하지 않은 침묵까지. 일상을 나눌 그녀가 있어 오늘이 괜찮다. 어느 날 그녀가 말한다. 새로운 치료를 시작하는데 그 치료가 위험할 수도 있다며 침울한 목소리다. 그녀 역시 어딘가 아픈 게다. "우리 둘 중 한 사람이 죽기 전에 만날 수 있을까?" 남자는 결심한다. 그녀, 샤르파에게 가기로 한다.

간병인에게 동행을 청하지만 당장 나서기에는 무리가 있다. 하지만 야코는 기다릴 수가 없다. 최대한 빨리 여자친구에게로 가야만 한다. 집으로 찾아오겠다는 아버지도 거절하고 가끔 허용된 대마초를 피울 때면 테라스에 나가는 게 다인 그가 혼자 기차를 타고 그녀에게 가기로 한다. 기차표를 예약하고, 복권 당첨금으로 TV도 살 계획이다. 그녀는 영화 <타이타닉>을 좋아한다. 남자에겐 포장도 뜯지 않은 <타이타닉> DVD가 있다. 자신이 좋아하는 존 카펜터의 DVD도 챙기고, 그녀가 좋아하는 <타이타닉>도 챙긴다.

택시를 타고 기차를 탄 후 다시 택시를 타는 노선을 꼼꼼히 계획한다. "다섯 사람의 도움이면 당신에게 닿을 수 있어." 그가 출발한다. 택시 기사에게서 역무원에게로 넘겨진다. 불쑥 사라지고 불쑥 나타난 두 사람 사이에 덩그러니 방치된 그가 있다. 빠르게 오가는 사람들 사이에서 움직일 수 없는 정물로 앉아 있는 그. 모든 소리가 몸을 관통하지 않을까, 화면 밖 나 역시 불안하고 초조하다. 불쑥 나타난 손, 하필이면 에스컬레이터가 고장 나서 역무원은 계단을 이용할 것이라고 말한다. 당황스러운 야코의 얼굴과 함께 계단 옆 이동통로로 휠체어가 밀려 올라간다. 숨을 참고 있는 그를 보며 나도 숨을 쉴 수가 없다.

드디어 플랫폼에 멈춘다. 바쁜 남자는 목소리만 남기고 떠난다. 온통 흐린 풍경 사이에 멍하니 앉아 있는 야코, 그의 시선을 따라가는 우리에게도 세상은 흐릿하다. 그리고 기차 안, 휠체어 칸에 앉은 그는 살짝 상기된 듯하다. 보이지 않는 앞을 향해 인사를 건넨다. 그런데 앞자리에 앉은 사람이 심상치 않다. 모자를 눌러쓰고 검은 안경을 쓴 그가 불안하다. 게다가 스콜피온즈 티셔츠를 입었다고 한다. 야코와는 전혀 다른 취향이다. 단절음 같은 몇 마디 대화, 예감이 좋지 않다. 잠깐의 졸음에도 꿈속의 야코는 건강한 두 발로 달리고 있다. 화들짝 깨고 보니, 핸드폰이 없다. 출발했노라고 이제 가고 있노라고 "나 당신을 사랑하는 것 같아." 불안과 두려움을 떨친 자리에 피어난 사랑의 설렘을 전했는데, 샤르코와 통화하며 주소까지 받았는데. 음성으로 전달되는 메시지는 프라이버시를 보장받지 못했는데.

3시간을 달려 드디어 그녀가 있는 도시에 당도했다. 기쁜 마음으로 뛰어가고 싶지만 당장 기차에서 내리는 것부터 누군가의 도움을 받아야 한다. 흐릿한 주변을 둘러본다. 앞자리의 그가 좋은 사람인지 나쁜 사람인지 눈을 뜬 우리도 알아챌 수 없지만, 야코에게 다른 선택지가 있어 보이지 않는다. 흔쾌히 도와준 남자, 하지만 그가 저쪽으로 좀 더 편안한 곳으로 옮겨주겠노라고 할 때부터 불안해진다. 빚에 쪼들리던 남자, 중독된 남자는 돈이 필요했던 것이다. 기다리고 있던 또 한 사람에게 넘겨지고 만다. 그는 야코에게 받아낸 카드를 들고 은행으로 간다. 50불 밖에 들어 있지 않다는 야코의 말엔 착오가 있었다.

우연히 당첨된 복권, 하필 그 돈을 받고서 의기양양 출발했던 터였다. 화면 밖 나도 몸이 굳어진다. 흰 지팡이는 내팽개쳐지고 협박이 이어진다. 샤르파의 집 주소까지 들먹이며 위협하지만, 야코는 단호하다. 그런 중에도 위트를 잃지 않는다. "사랑에 빠진 남자 좀 봐줘요." 결국 그들이 떠난다. 주고 가라는 핸드폰은 저 멀리 내던져버린다. 마침 울리는 샤르파의 전화는 손에 잡히지 않는다. '자유'를 외치며 집을 나섰지만, 도움 대신 협박과 강탈만 당한 야코는 조금 힘들다.

하지만 굴하지 않고 휠체어를 민다. 다시 흐릿한 세상 속으로 나아간다. 한순간 보이지 않는 장애물에 부딪혔는지 휠체어에서 굴러떨어지고 만다. 울음이 터진다. 그런데 이 남자, 이 순간에도 '자유(freedom)'를 외친다. 바닥에 나동그라진 채 외치는 자유, 그의 간절한 자유에 와락 눈물이 솟구친다. 얼마나 절실한 마음일까. 그 순간 옅은 기척이 다가온다. 주인과 함께 산책 나온 강아지가 그의 손을 핥는다. 다섯 번째 도움은 성공적이다. 샤르파의 집 앞, 벨을 눌러준 남자는 떠나고 환한 미소 가득한 그녀가 온다. 매일을 살게 한 그녀가 두 팔 벌려 그를 안는다.

고난과 역경 속에서 야코는 샤르파에게 가 닿았다. 애초의 기대와는 다른 모습이었지만 그 여정에 다섯 명이 있었다. 택시 기사, 기차역 승무원, 불량배 2인조, 강아지와 그 주인. 우리 삶도 마찬가지다. 저 혼자서 살아갈 수 없는 우리는 무수한 부딪힘 속에서 살아간다. 행운만 전해줄 것 같은 귀인도, 나를 괴롭히기만 하는 누군가도, 결국은 우리를 앞으로 나아가게 한다. 다섯 명의 도움은 여러 가지 색깔로 우리를 이끌어간다. 마음뿐일 때가 많지만 크게 속상할 일도 없다는 가르침도 덤이다.

<그 남자는 타이타닉을 보고 싶지 않았다>는 핀란드 영화다. 다발성 경화증을 앓는 주인공은(배우도 실제 이 병을 앓고 있다고 한다) 시력도 잃었다. 영화는 내내 상대방의 얼굴을 보여주지 않는다. 흐릿한 화면은 주인공 야코의 시선이다. 야코의 불안에 더 이입하게 된다. 야코는 잃지 않은 품위를 두 협박범은 갖고 있지 못했다. 야코를 존중할 줄 몰랐고 당연히 스스로를 존중할 줄 몰랐다. 휠체어에 묶인 야코는 자유로웠지만, '중독'에 자신을 내맡긴 그들은 자유롭지 못했다.

장애에 구속되지 않는, 장애라는 굴레에 갇히지 않는 한 남자의 일상을 보여주는 영화는 사랑하는 사람에게 닿고자

하는 마음과 그로 인해 한 걸음 더 나서는 용기에 대한 이야기다. 그가 기대한 다섯 명의 도움처럼, 우리도 다섯 명의 도움으로 살아간다. 누군가 인생의 고비를 만날 때 간절한 그 순간을 넘기게 해줄 다섯 사람 중 하나가 나였으면 좋겠다. 아끼는 내 사람들에겐 꼭 그랬으면 좋겠다. 나에게도 그 다섯 사람이 있음을 믿는 마음을 담고 일어선다. 그 다섯 사람 또한 내 사람들이었으면 한다. 이왕이면 좋은 인연이길 바라지만, 나쁜 징검다리도 결국은 나를 위한 것이라는 걸 안다.

80여 분의 영화는 우리에게 많은 질문을 던진다. 한참 되짚어봐야 할 영화, 함께 보자고 말하고 싶은 영화다. 에어컨 냉방에 잔뜩 움츠러들었던 나는 가을을 맞아 조금 더 부지런해지는 중이다. 다섯 명을 만나기 위해서, 나 또한 그 다섯 명 중 한 사람이 되기 위해서.

5부

그대,
기다린 날인가요?

돌봄에 대한 단상

늘어나는 수명과 늘어가는 치매 질환으로 인해 노년의 시간은 대부분 공동시설에서 보내게 된다. 바깥에서만 보던 공간을 처음 마주한 건 몇 해 전 엄마가 머물고 계실 때였다. 급격하게 악화된 컨디션으로 인해 2년 가까이 요양병원에 계신 적이 있다. 요양병원은 치료가 수반되는 곳으로 혼자서는 움직이지 못하는 그저 누워만 있는 분들도 계신다. 한 방 여덟 분 중 두세 분이 전혀 몸을 가누지 못했고 엄마 바로 옆자리 분도 그중 한 분이었다. 엄마의 불안이 더 커지는 게 보였다.

처음 요양병원에서 지내야 한다는 걸 받아들이기까지 엄마의 반감은 무척 강렬했다. 심리적 불안이 컸음에도 불구하고 거부하는 마음이 본능적이었던 것 같다. 엄마의 거부감은 스스로를 해치지 않을까 염려스러울 정도였다. 동생네서 몇 개월을 지내고 난 후였고 당신도 동의했지만 마음으로는 받아들이지 못하셨던 것이다. 급기야 병원 측에선 다른 곳으로 옮기기를 요청했다. 창밖만 내다보고 우울해하는 엄마를 보살피기에는 한계가 있다는 것이었다. 죄송하지만 강수를 두어야 했다. 병원이 거절하면 더 열악한 곳으로 옮기게 될 수도 있다고 곧이곧대로 말씀드렸다. 강한 엄마를 믿기에 둘 수 있는 강수였다. 그리고 엄마는 마음을 정했다. 수용하기로 하셨다. 나는 이곳에 있을 사람이 아니라는 반감은 자식들에 대한 원망이기도 했다.

어느 날 색종이로 접은 해바라기가 옷장에 붙여졌다. 거북해하던 활동에 참여하기 시작했다. 엄마가 적응해 가시는 만큼 마음이 놓였다. 엄마를 돌볼 공간을 수소문하던 중에 다시 만난 친구도 엄마가 그곳에 계셨다. 오래전 뵈었던 모습은 희미하지만 덕분에 종종 뵈었다. 한방에서 지내게 된 두 분은 그러나 서로를 알지는 못했다. 친구 엄마는 치매가 진행 중이었다. 친구와 친구 언니들의 엄마 돌봄은 다정해서 수시로 방문하는 딸들의 안부 속에 편안해 보였다. 맏이인 나와 달리 거의 막내였던 친구의 어머니는 호호백발로 늘 웃음이 가득한 할머니가 되셨다.

굳건한 엄마는 다행히 회복하셔서 지인이 살고 있는 지역으로 집을 구해 옮겼다. 혼자된 엄마가 농사일 대신 도시에서 일자리를 구하던 시기, 함께 하던 동료다. 힘든 시절을 같이 보낸 정리로 쌓인 오래된 마음이 두 분을 이어오고 있었다. 덕분에 홀로 지내야 하는 엄마가 마음 붙일 곳이 생겼다. 감사는 예기치 못한 상황에서도 우리를 향해 미소 짓는다.

단출한 살림을 옮기기 위해 방문하던 날 찾은 작은 도시는 군데군데 아파트 단지가 있고 오래 터 잡은 주거지와 상업지역이 작은 도로로 이어져 있다. 한눈에 쏙 들어오는 읍내는 장난감 마을처럼 오밀조밀해서 한나절이면 돌아볼 정도이다. 병풍처럼 둘러싼 산을 배경으로 운동장처럼 펼쳐진 중심에는 각종 편의시설이 다닥다닥 어깨를 붙이고 있다. 소박한 삶을 지탱하는 풍경에 정감이 가득하다. 마치 고향마을처럼 익숙한 편안함이 느껴졌다. 비교적 최근에 들어선 시설은 큰 병원으로 몇 개의 요양원과 요양병원도 함께 들어섰다.

그 중 엄마가 정한 곳은 장기 임대 아파트로 엄마를 초대한 지인과 이웃이 되어 심리적 위로를 받으며 지내신다. 함께 복지관에 가고 함께 마을 이웃들을 만난다. 뜸한 자식

들보다 한층 가까운 관계이다. 늘 그렇듯이 가까운 사이에선 소소한 감정의 파고가 끼어든다. 시간이 흐르며 이런저런 사소한 얘기를 들을 때면 반가웠다. 그만큼 기운을 차리신 게 아닌가. 물론 나는 조언이랍시고 엉뚱한 소리를 하기 일쑤지만. 엄마는 새로운 환경에 적응해갔다. 언제나처럼 씩씩하게 다시 일어섰다. 신체적 컨디션은 예전만 못하지만 예전 엄마 모습을 회복했다. 솜씨를 발휘해 복지관에서 점심을 전담한다는 말에 그러지 마시라 했지만 어느 날 공공근로로 영역을 확장했다. 많은 사람을 위해 밥상을 차리던 엄마는 복지관에서 함께 하는 이들을 위해 점심을 준비하는 팀이 되었다. 기력이 덜하신 지금에 와서 돌아보니 감사한 일이었다.

부모를 일종의 시설에 모셔야 하는 마음이 편치 않다. 거부하는 마음도 이해한다. 아니 이해된다고 여긴다. 그런 나는 어느 날 시설에서 지내게 되는 건 당연하다고, 받아들여야 한다고 생각한다. 하지만 수용하겠다는 건 내가 하지 못하는 역할에 대한 미안함을 대신하는 것에 지나지 않을 거라는 걸 안다. 그저 자조적인 발언에 다름 아니라는 것을. 그래서 생각한다. 최소한 내가 살던 집에서 살아가는 노년을 지지하는 돌봄이 많아지면 좋겠다. 최근 일본에서는 생의 마지막을 자신이 살던 집에서 맞겠다는 의사를 강력하게 표현하는 분들이 많아졌다고 한다. 우리 역시 실제 이와 관련한 조사를 한다면 분명 더 높은 수치일 것이다.

요양원 할머니의 매니큐어 박스

무인도에 갈 때 당신이 가져갈 한 가지는? 흔한 질문 중 하나인 이 물음은 인생 책을 물을 때면 자주 호출되곤 하는데, 딱 한 권을 골라야 하는 그 순간 우리의 머릿속은 바빠진다. 읽은 책을 되짚어보고 읽고 싶은 목록을 당겨오기도 하면서 부산해지는 것이다. 읽고 또 읽고, 곱씹어 읽을 한 권으로 어떤 책을 고를 것인가. 왁자한 웃음이 번지는 순간에도 깊어지는 눈빛들이 마주친다. 딱 하나를 가져간다는 건, 얼마나 많은 것을 내려놓아야 하는지를 환기시킨다.

그럼에도 불구하고 이 질문에 심각해지지 않는 건 그것이 상상 속에서나 일어난다고 여기기 때문이다. 재미 삼아 나누는 이야기라서다. 그런데 이 일이 상상이 아닌 현실이라는 걸 아릿한 심경으로 마주했다. 혼자서 지내기 어려운 노년의 시간은 이제 대부분 요양원으로 이주한다. 얼마 전 그 현장을 방문할 기회가 있었다. 불과 며칠이지만 몸의 피로 못지않은 가슴앓이를 했다. 불쌍하고 안쓰럽다는 마음이 아니었다. 어느 날의 나일 것이라는 생각, 미래의 나를 보는 것이었다.

긴 복도를 사이에 두고 마주 앉은 각각의 내실은 네 사람이 함께 생활하는 10평 남짓 공간으로 침실이자 집이다. 침대맡 키 작은 서랍과 캐비닛형 옷장 하나뿐 사적인 공간이 따로 없다. 하루 또 하루가 더해지는 동안 단조로운 듯 단출한 일상에서도 어떤 패턴을 발견하게 된다. 불쑥 눈에 들어오는 모습들에 발길이 멈출 때가 있다. 매일 오전 야무지게 헤어밴드를 두르고선 동그란 손거울을 들여다보며 매무새를 단장하는 분이 계셨다. 금방 세수하고 로션을 바르는가 싶었는데 잠시 후에 지나칠 때면 톡톡톡 파우더를 두드리는 모습, 아침 화장을 하는 중이었다. 며칠 동안 한 번도 방에서 나오지 않고 식사도 침대에서 하는 분이었는데, 자꾸만 시선이 갔다.

한 날 오후, 달콤한 딸기 간식을 몇 접시 들고 방으로 향했다. 순한 눈빛으로 내미는 기름기 없는 손끝엔 딸기보다 붉은 진빨강이 또렷했다. 알록달록 붉은 색조 가득한 매니큐어 박스를 펼치는 손톱엔 어제 바른 매니큐어가 두툼하고 우둘투둘 나선이 투박하다. 맞은편 침대 어르신의 손톱에도 진붉은 동백꽃 이파리가 내려앉아 있다. 나도 봐달라는 손끝을 잡고 보니 비어져 나온 곳 없이 깔끔하다. 입구 쪽 할머니도 손을 들어 반짝반짝 흔든다. 한 곡조 뽑는 노래가 예사롭지 않은 그분의 손톱 두어 개에도 전날 없던 빨간 매니큐어가 쨍하다.

손톱 끝에 봉숭아 물들이던 오래전 기억을 떠올리시기라도 했을까. 한 사람은 손을 내밀고 또 한 사람은 그 손을 맞잡은 채 빨간색 매니큐어 솔을 들어 올렸을 풍경. 이젠 당신이 내 언니며 동생이라고 우린 가족이라고 손가락이라도 걸지 않았을까. 서로의 주름진 손 위로 엄마 앞에 두 손을 내밀고 앉았던 유년의 봄날이 겹쳐졌을 것만 같다. 밤사이 누군가 옷을 가져가 버렸다며 매일같이 호소하는 또 한 분까지, 네 사람이 함께 살아가는 방. 인생 여정 마지막 동반자로 만난 그곳에서 이제 한 가족이 되어가는 날들이다.

할머니의 말간 얼굴은 톡톡 분칠하지 않아도 빨간 매니큐어가 아니어도 고왔다. 방금 세수한 얼굴에 간단한 화장수만 발라도 검버섯 핀 얼굴이어도 물광 피부 못지않았으니, 그 모습 그대로 아름다웠다. 아니다, 할머니의 환한 미소가 먼저였다. 얌전한 웃음 가득한 얼굴에선 처음 화장을 하던 때의 수줍은 처녀가 건너왔다. 마음에 담아 둔 반짝이는 기억의 힘일까. 당신의 미소 따라 저절로 얼굴이 펴졌다. 일상의 습관이거나 화사한 모습으로 누군가를 기다리던 아름다운 시절의 기억이거나, 떨리는 손으로 칠하고 또 칠하는 할머니의 빨간 매니큐어는 하루를 맞는 의식이자 자신을 사랑하는 몸짓이다. 늘 다른 사람이 우선이었던 시간을 뒤로 하고 오롯해진 자기를 향한 시선, 스스로를 보듬는 시간이리라. 작은 손톱 위에 붉은 꽃잎 한 장 올리기 위해 마음을 모으는 그 순간이 할머니를 지켜주는 것인지. 한 땀 한 땀 손끝에 집중하는 그 몸짓이 자가 치유인 듯 정정한 모습이 보기 좋았다.

제각각의 모습으로 제각각의 시간표 따라 깃든 곳, 최소한의 내 것이 허용되는 사각형의 공간. 옷장을 가득 채우고도 철마다 부족한 옷은 더 이상 소용이 없고, 겹겹이 쌓아 둔 책장 대신 겨우 한두 권이 다이다. 나는 무엇을 갖고 갈까. 아이의 첫 사진 혹은 용감했던 배낭여행의 기억. 아니면 애써 읽는 책 중 한 권일까. 빨간 매니큐어 상자가 예뻐 보인 걸 보면 좋아하는 붉은 립스틱 가득 담은 상자를 챙길지도 모르겠다. 아직 정하지 못한 건 기다리는 무엇이 있기 때문일까. 가끔 용감하고 의외의 반전에 끌리는 편인 나의 마지막 박스에는 무엇이 담길까.

또 하루치의 기도를 담는 경건한 의식, 오늘도 붉은 그리움을 품고 꽃자주색 매니큐어를 골라 들고 계시겠지. 붉은 그리움 가득 담긴 매니큐어 상자를 앞에 두고 환한 웃음을 나눈 오후가 한 조각 봄 햇살로 남는다.

엄마에게 새 가족이 생겼다

아직 그녀의 얼굴을 모른다. 두어 차례 통화를 한 적은 있다. 전화기 너머에서도 내 얼굴은 발개지고 있었고 목소리는 밋밋해졌다. 어깨는 움츠러들었다. 엄마를 돌보지 않는 딸, 내가 할 일을 대신하는 그녀 앞에서 한없이 작아진다. 목소리로는 가늠이 되지 않았지만 나와 비슷한 연배의 한 여인이 엄마의 새로운 가족이다. 일주일에 5, 6일 하루 5시간, 어느새 1년 6개월이 지났다. 엄마와 가장 많은 시간을 보내는 그녀는 요양보호사다.

작년 봄 벌초에 따라나섰다가 다치는 바람에 꽤 긴 병원 생활을 한 엄마는 기력이 예전만 못하다. 퇴원과 함께 요양병원을 알아봤지만 열악한 환경에 놀란 우리는 그대로 계시게 할 수 없어 번복했다. 집으로 가기로 했다. 망설이고 주춤거리는 나 대신 그녀가 왔다. 청소를 하고 식사를 준비하고 회복을 위한 걷기 운동을 함께 하는 전담 돌보미가 생겼다. 점심 무렵에 와서 저녁상을 준비해두고 간다. 어느 날은 점심과 저녁 두 끼니를 챙기고 어느 날은 저녁상을 차린다. 동생댁이 채워 둔 반찬이 주이지만 맛있는 국을 끓이기도 하고 별식을 만들기도 한다. 지난 방문길엔 나도 그이가 끓여두고 간 고추장찌개를 맛나게 먹었다. 변비로 고생하는 엄마에게 요거트와 블루베리를 챙겨 드시라고, 나는 전화만 하고 옆에서 챙기는 건 요양보호사다. 일상의 모든 것들이 그분으로 인해 유연해진다.

멀리 있다는 핑계로 한발 물러난 나는 조금 더 자주 전화를 드리는 걸로 마음을 대신한다. 어느 날부터 너무 청소를 열심히 해, 너무 빨래를 자주 해, 그래서 너무 물을 많이 써, 전기 요금과 수도 요금을 걱정하는 엄마가 돌아왔다. 가끔 터지는 엄마의 긴 수다를 들은 저녁, 통화가 너무 길어졌다며 끊어야 한다는 말을 몇 차례나 하고서야 전화기를 내려놓으며 선선한 바람과 함께 예전의 엄마를 되찾은 것 같은 기분이었다. 그리고 그 수고는 곁에서 엄마를 돌보는 '그녀' 덕분이라는 걸, 지금 엄마에게 가장 가까운 가족은 그녀라는 걸 인정하는 것이기도 하다.

엄마와 그녀의 시간은 엄마와 나의 시간 총량보다 커질 것이다. 함께 한 시간의 밀도는 이미 넘어섰을지도 모른다. 그동안 내가 차려드린 밥상보다 지난 1년 반 동안 그이가 차린 밥상이 더 많고, 여름이면 매일같이 씻겨드리는 그분이 어쩌다 한 번 어색한 몸짓으로 머리를 감겨드린 게 다인 나보다 살뜰하다. 사랑에 빠진 이들이 매일 만나며 애정을 키워가듯이 두 사람의 관계가 돈독해져 가는 걸 느낀다. 방문 시간을 줄여야 할 것 같다면서도 그이가 안 오는 주말이면 허전해한다.

고맙고, 감사하다. 나는 그 마음을 새긴다. 그리고 생각한다. 매일 쓸고 닦느라 물을 많이 쓰는 것 같다는 엄마의 그녀가 지금 가장 소중한 가족이라는 걸, 그래서 감사해야 한다는 걸, 잊지 않도록 자주 상기시켜주는 것이 내 역할이라고. 모든 관계의 마법이자 돌봄에서도 필수적인 적당한 거리가 조금 더 용이한 사이, 지나친 기대로 허물어지기 쉬운 관계보다 긍정적이라는 점에서 이 가족의 형태도 꽤 괜찮다. 나 역시 다른 누군가의 부모를 돌볼 수 있겠다는 용기를 갖게 된다. 물론 기다린다. 엄마와 팔짱 끼고 골목을 산책할 그 날을, 환한 웃음과 함께 가벼워진 우리를.

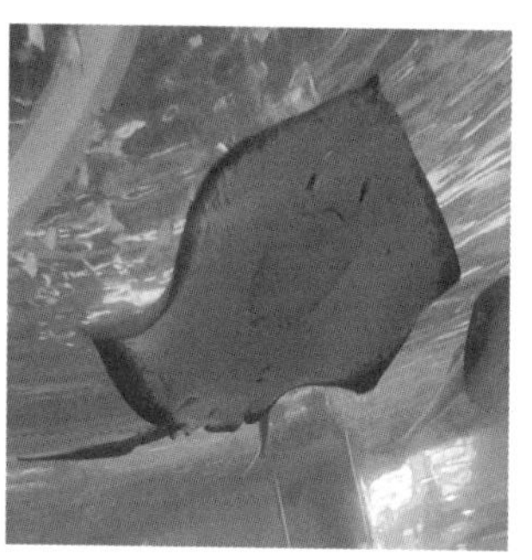

우리는 가족입니다

요양원의 하루는 정해진 일과표를 따라 재깍거린다. 점심 식사 후 얼마간의 개인 시간이 주어진다. 자연스럽게 낮잠으로 이어지는 시간이다. 어르신들만이 아니라 돌봄 노동자인 요양보호사들 역시 교대로 점심시간 범위 내에서 짧은 휴식을 취한다. 낮잠 대신 개인 활동을 하기도 한다. 성경을 읽는 분도 있고, 일본어로 된 건축 관련 책을 보는 분도 있었다. 매니큐어 할머니도 주로 이 시간에 매니큐어 박스를 꺼내시곤 했다.

알아들을 수 없는 말을 내내 중얼거리며 쉼 없이 복도를 오가는 분, 낭랑한 목소리로 노래를 잘하는 분, 얌전한 모습과 달리 춤을 잘 추는 어르신, 한 손으로 지팡이를 짚고서도 다른 층으로 이동하기 위해 엘리베이터 앞으로 모일 때면 휠체어를 밀어주는 분, 불편해진 오른 손 대신 왼손으로 느린 식사를 하실 때면 잠깐 거드는 손길에도 고개 숙여 감사를 전하는 말간 얼굴.

삶의 태도 혹은 살아온 모습이 드러나는 순간을 마주할 때면 화들짝 숨을 고른다. 나를 돌아보게 된다. 나는 어떨까. 나는 어떤 모습으로 그 시간을 채워갈까. 무의식적으로 행하게 될 몸에 밴 습성, 오래된 습관이 빈약한 데서 오는 불안이 출렁인다. 나의 민낯에 자신이 없다. 그럴싸해 보이고 싶은 얄팍한 속내 때문일 것이다. 이것저것 해보는 것의 의도인 진심으로 재밌어서 하는 무엇, 타인과 비교하지 않는 자발적 몰입에 이르고 싶은 그것, 나는 여전히 그것을 찾는 중이라서다.

버리고 버려서 몸만 남긴 일상, 세 끼 식사와 오후 간식은 중요 일과다. 조르바의 말처럼 내 몸에 에너지를 주어야 몸과 함께 정신이 깨어난다. 그러니 일상의 끼니는 한 끼 떼우는 것이 아니라 세상과 맞대면하는 나를 깨우는 일이다. 식사 때면 늘 옆자리 짝꿍을 챙기는 모습을 볼 수 있었다. 그저 자리를 맡아 주기도 하고 입맛 따라 추가하는 반찬을 챙겨주기도 한다. 대부분 늘 앉는 자리가 정해져 있다. 할머니들께선 둘레둘레 무리 짓는 경우가 많은 반면 할

아버지들은 따로 또 같이 듬성듬성 앉는다. 무심한 척 턱 걸쳐 앉는 중에도 고정석이 있다. 가끔 무시하고 자리를 넘나드는 분 또한 그대로 인정한다. 거동이 불편하여 방에서 식사를 하지만 가끔 거실로 나오는 경우도 있고, 아예 거실에 나오지 않는 분도 있다. 각각의 모습으로 몸을 깨워 일상을 마주하고, 또 하루를 채워간다.

오전, 오후 이어지는 전체 활동 역시 강요는 아니다. 조용하지만 완고하게 바깥 활동에 참여하지 않는 분이 있고 체력이 안 되어 늘 침대에서 지내는 분도 있다. 외부로 나가는 문만 내 맘대로 나서지 못할 뿐 하루를 어떻게 보내는가는 자유다. 새로운 집은 돌봄을 지원하는 이들과 함께 이룬 새로운 공동체이자 또 하나의 집이다. 요양보호사와 간호사로 꾸려진 돌봄 팀이 번갈아 가며 부모를 살피는 자녀가 되고 함께 지내는 이들은 형제 자매이자 절친한 친구다. 그렇게 서로를 돌보고 보살피는 가족이다. 물론 가족 간에도 적당한 거리는 필수라는 걸 잊지 않는 것이 필요하다. 새로운 가족들과 평화로운 일상을 위해서 지금부터 연습해야 할 것은 고운 말씨, 먼저 고운 마음. 그리고 적당한 거리를 수용하는 방법이 아닐까.

요양원에서 거주하는 어르신들만이 아니라 매일 교대로

돌보는 이들도 그랬으면 좋겠다. 빈틈없이 지원해야 하는 직업적 태도를 유지하면서 적정한 감정의 거리를 유지해야 하는 역할은 생각보다 고난도의 일이다. 서로를 존중하는 품격 있는 삶은 서로를 향한 배려로 가능하다. 정신적, 신체적, 물리적으로 건강한 관계가 형성되어야 한다. 그 첫 자리에 필요한 것은 적당한 거리다. 이는 모든 관계를 부드럽게 하는 마법이다. 내 기대를 저버렸다고 원망하던 마음도 출렁이는 감정들도 서랍 속에 넣어 두고 적당한 거리를 꺼내야 한다. 무엇보다도 민낯의 나를 잘 다듬어야겠다. 마음 밭을 부지런히 일궈야겠다. 잡풀은 뽑아내고 매사에 감사하는 마음을 심어야겠다.

붉은 그리움

요양원 실습 세 번째 날이었다. 새로 오는 분이 있다고 했다. 층별로 한 분씩, 5층에도 한 분이 온다며 조심스러운 분위기였다. 다른 층에 비해 비교적 컨디션이 좋은 분들이지만 긴장감이 감돌았다. '입소'라 칭하는 요양원으로의 이주, 분명 내키지 않는 마음으로 오실 그분을 위한 마중은 최소한의 인원이 한다고 했다. 내게도 주의를 당부했다. 한쪽 끝 거실에서 조용히 자리를 지켰다.

서너 시간 후, 내내 복도를 왔다 갔다 하는 분을 따라 걷는 중이었다. 맨 끝 방, 문 가까운 침상에 앉은 채로 뭔가를 쓰고 있는 할머니가 낯설었다. 아직 낯을 다 익히지 못했구나 싶어 찬찬히 보니, 그분이라고 했다. 그날 오신 분이었다. 책을 읽는 어르신은 몇 분 있지만 펜을 들고 뭔가를 쓰는 이는 없었는데, 단박에 궁금증이 일었다. 볼펜을 든 손이 부지런히 움직인다. 기척에 흘깃 건너다보고는 금세 쓰기로 돌아간다. 계속 쓰던 노트였는지 두툼한 수첩은 몇 쪽 남지 않아 보인다. 들어오면서부터 계속 쓰고 또 쓰는 중이라는 말에 더 궁금해진다. 무엇을 저리 열심히 쓰시는 걸까, 호기심을 누르지 못해 한 걸음 다가가니 한쪽 팔로 슬쩍 가린다. 보이고 싶지 않다는 몸짓, 반갑다는 인사만 드리고 돌아섰다.

다음 날에도 여전히 쓰는 중이다. 오래전부터 그랬던 것처럼 침상 위 작은 테이블을 책상 삼아 앉은 모습이 익숙하다. 점심 후 낮잠 시간, 블라인드가 내려지고 한 톤 떨어진 조명에도 여전히 수그린 자세다. 펼친 수첩과 빨강 볼펜을 쥔 손, 그런데 옆 침대의 S할머니가 그 곁에 서 있다. 낮잠 시간이나 자유 시간이면 성경책을 읽는 분이다. 그사이 친해진 걸까. 무엇에 대해 쓰는지 얘기라도 나누는 걸까. 그런데 S님의 자세가 반쯤 틀어져 있다. 뭔가 재촉하는 듯한 몸짓이 이해되지 않았는데, 잠시 후에야 정황을 알게 되었다.

밤사이에도 계속 쓰느라 불을 끄지 않았던 거다. 방해받은 잠 대신 낮잠을 자야 하는데 불을 끄지 않으니 조바심이 나신 게다. 재촉 반 응원 반, 어서 쓰라고 애를 태우는 중이었다. 하지만 결국 불을 끄지 못했다. 나중 들어온 이의 퉁명스러운 대꾸가 이겼다. 토라진 모습으로 자신의 침대로 가 눕는 S님, 하지만 낮은 투덜거림뿐 목소리가 높아지진 않았다. 당혹스럽고 서글픈 심정을 이해하는 마음이리라. 그 공감 또한 애잔했다. 그 와중에 튕겨 오른 빨강 글자 두어 개, '외로움, 쓸쓸함'. 가슴이 싸했다. 전날부터 들고 있던 볼펜은 잉크가 닳았는지 희끗희끗 깨어진 글자들이다. 빨강 색으로만 쓰신다는데, 하필 필통엔 빨간 펜이 없었다.

다음 날부터 거실에 나와 식사를 했다. 다행히 맛나게 드셨다. 어색하거나 불편한 기색 없이, 진작부터 있었던 것처럼 스스럼없는 태도였다. 목 수건을 두르고 후루룩후루룩, 씩씩하게 식사하는 모습에 안심이 되었다. 다소 터프한 식사였지만 적응을 잘하시는 것 같아 마음이 놓였다. 어쩌면 낯선 곳에 홀로 떨어진 아이가 속울음을 삼키며 밥숟가락을 크게 뜨는 마음은 아니었을까. 새로운 장소에 적응해야 해, 그러니 씩씩해야 해, 혹 그런 마음은 아니었을까. 부러 그런 게 아니었을까 하는 마음은 얼마간의 시간이 지나고서야 짐작해본다. 손이라도 한 번 잡아드릴 걸 그랬다.

일기를 부지런히 쓰는 중이다. 노트에 펜이 아니라 노트북에 폴더로 저장한다. 보여주기 위한 일기일 때도 있고 보여줄 수 없는 일기일 때도 있다. 강제성을 접목한 일기 쓰기는 애써 포장할 때가 많지만 간혹 노골적인 마음 그대로 문장이 될 때가 있다. 차마 내보이지 못하는 경우엔 혼자 읽고 덮는다. 글로 옮기는 건 수다와 같다. 일기는 나와의 수다라고나 할까. 흉보지 않을 이에게 털어놓고 나면 홀가분해지듯이 조금씩 가벼워지는 것이다. 여전히 누군가의 한마디에 휘청거릴 때가 있지만 분명한 변화가 있다.

삼색 펜을 쥐고서도 잘 나오지 않는 빨강 대신 다른 색을 쓰지 않는, 중간중간 자음이 사라지고 모음이 보이지 않다가 희끗희끗 받침이 지워지는 문장을 손에 힘을 꽉 주고 써 내려가는 심정은 어떤 것일까. 붉은색 볼펜은 어떤 추억을 담고 있을까. 늘 100점 받던 시험지이거나, '참 잘했어요'가 찍힌 아이의 노트가 그리워서일까. 아니면 첫 마음을 담았던 붉은 빛 편지라도 떠올린 것일까. 내내 볼펜을 쥐고 계신 그분이 쓰고 싶은 건 무엇일까. 산사 뜨락에 핀 꽃무릇처럼 흩어진 글자들 사이에 담긴 마음은 어떤 것일까.

종일 일기 폴더를 열어둘 때가 있다. 온갖 감정을 적느라 몇 번이나 쓰는 날도 있다. 매일 만나는 친구와 할 얘기가 더 많듯 쓰고 또 쓰는 일기장에 할 얘기가 더 많아지는 것이다. 말하지 못한 외로움과 쓸쓸함, 성큼 다가설 수 없게 하던 몇 개의 붉은 단어들이 날아오른다. 들어주는 이 없지만, 쓰고 또 쓰는 동안 어떤 서운함은 옅어지고 가슴속 응어리는 말랑해지게 할 할머니의 수첩 역시 또 하나의 일기장이다. 여전히 쓰는 중이길. 빨간 펜에 얽힌 행복한 기억을 불러내는 중이길. 하루를 마감하는 일기장을 열고서 작은 마음 한 조각 얹어본다. 여분의 빨강 볼펜을 필통에 담는다.

우리 함께 읽어요

차가운 밤바람에 마음이 서걱거린다. 엄마의 저녁도 쓸쓸하겠지. 며칠간의 안부를 여쭐 겸 전화기를 들었다. 역시나 목소리가 무겁다. 한숨 고인 음성, '왜 이리 오래 사는지 모르겠다.' 하는 사람도 듣는 사람도 좋을 게 없는 그 말엔 불편한 감정이 엉겨 붙어 있다. 기분이 가라앉을 때면 누구라도 그러듯이, 긍정이 아닌 부정의 우세다.

다른 사람의 돌봄으로 일상을 이어가는 엄마. 매일 오후 다녀가는 요양보호사와 보내는 몇 시간에 기대어 하루를 보낸다. 타인이 챙겨주는 시간이 편하지만은 않은 듯하다. 운동 삼아 집 앞에 잠깐 나가 걷는 게 다인데 하루 같이 세탁기를 돌린다는 걱정을 들은 게 몇 차례 된다. 매일 쓸고 닦고, 자주 샤워도 시켜드리니 당연하지만 수도 요금이 늘었다는 하소연을 종종 한다.

엄마를 보살펴주는 고마운 손길에 이런저런 토를 달고 싶지 않은 나는 그분께 감사해야 한다는 말만 할 뿐이다. 그저 감사하자고, 지금 엄마에게 가장 고마운 사람은 그분이고, 어쩔 수 없는 불편함은 감수해야 한다고. 엄마가 신경 쓰이는 것도, 염려도 알겠지만 받아들여야 한다고. 그럼에도 편치 않으면 에두르지 말고 직접 말씀 하시라고 말한다. 나는 하지 못하면서 조언은 한다. 하지만 무엇이든 잘 해내던 분이 다른 사람의 손길에 더 예민해지는 건 어쩔 수 없는 일인 듯하다.

사실 엄마의 기분이 저조한 원인은 그것만이 아니다. 가까운 곳에서 늘 엄마를 챙기는 동생과 보낸 하루가 덜걱거린 게다. 약을 타러 들른 병원에선 담당의가 휴가라 하여 헛걸음을 했고, 나선 김에 외식을 시켜 드리고픈 동생의 물음에 "내가 언제 먹으러 다녀봤어야, 알지." 하셨단다. 드시고 싶은 걸 사드리고 싶은 동생 마음도 이해되고, 미안한 마음이 먼저였을 엄마도 이해된다. 기실은 맞는 말이기도 하다. 고기도 먹어봐야 맛을 안다고. 모시고 가는 대로 따라가는 게 다인 엄마가 딱히 가고자 하는 곳을 정하지 못하는 것도 당연하다. 부러 그러는 건 아니지만, 전혀 도움 될 것 없는 감정을 내보인 대화가 엇갈렸을 것이다. 게다가 친척의 요청으로 주말에도 쉬지 못하고 일한 동생이 허리를 삐끗했다며 못내 속상해하신다.

시간이 지나면 괜찮아질 거라는 말은 아무 도움이 되지 않는다. 거기에 한술 더 뜨는 나. 그만한 일로 '죽고 싶다'는 말은 좀 아니지 않냐며 퉁명스러운 한 마디를 내뱉고야 만다. 그저 하는 말씀인 줄 알면서도 불편한 속내를 기어코 보이고 마는 우리의 대화 역시 엇박자다. 이런 때 통화를 길게 하면 안 된다. 어떻게 풀어야 할지, 어떻게 해소해야 할지, 반복되는 이야기 사이로 엉킴이 더해질 뿐이다. 하지만 그대로 통화를 마무리하기도 염려스러워 자꾸 길어진다. "그래도 지금이 좋지 않아요? 예전에 고생스럽던 때에 비하면 너무 편하지 않은가." 그렇게 생각해보자고, 그리 생각하자고 밀어붙인다.

왜 내 편을 들어주지 않느냐며 속상해하던 아이의 모습이 떠오르지만 대화술이 부족한 나는 별 뾰족한 수가 없다. 수긍하지만 마음이 풀리지 않는 엄마와 재미없는 말만 되풀이하는 딸의 대화. 더 해 봐야 달라진 건 없는 채로 통화를 마친다. 오랜만의 긴 통화는 그렇게 어정쩡한 기분만 남긴다. 찬 겨울밤, 그대로 주무시게 하는 건 아무래도 편치 않아 다시 전화기를 든다. 한껏 명랑함을 장착하며 버튼을 누르다가 불쑥 떠오른 한 생각, 책을 읽어드려야겠다. 통화 연결음을 들으며 책장을 뒤적인다. 『빵장수 야곱』이 괜찮을까. 이름부터 낯설어하실 듯하다. 『금오신화』는 어떨까. 우리 소설이니 조금 더 편하지 않을까. 하지만 금세 눈에 띄지 않는다. 몇 권의 책을 주섬주섬 책상 위로 옮기는 동안, "어, 또 전화했네." 썩 반가운 목소리가 아니다. "응, 그냥요." 짐짓 아무렇지 않은 척, 방금 전 통화에 불편한 기색 같은 건 전혀 없었다는 듯이.

그러는 중에도 책장을 훑는 눈길이 바쁘다. 조금 얇은 책이 어떨까. 우리 단편 소설집이 좋겠다. 이승우 작가도 있고, 『마당 깊은 집』도 보인다. 눈에 들어오는 책을 이것저것 꺼내 보지만 이거다 싶은 책이 없다. 안방 책장에 『논어』와 『맹자』가 보인다. 홍익출판사 버전이라 어렵지 않을 듯한데, 한 번 시도해 볼까. 책장 한 귀퉁이만 차지하고 있는 두 권을 꺼내 들고 책상에 앉으며 무심한 듯 가볍게 말씀드린다. 제가 책 읽어 드릴께요. 어? 어. 읽어준다고? 네, 제가 그냥 읽어드리는 것도 좋겠어요. 우리 책 읽어요. 그래, 그래라, 그럼. 『맹자』 어때요? 『논어』보다는 어쩐지 『맹자』가 더 나을 듯 싶어 권하니, 그러자 하신다. 저도 안 읽었으니 함께 읽어요. 그럼, 그러자. 네 공부 삼는다니, 한 번 읽어 보지 뭐.

사전 준비 없이 책을 편다. '옮긴이의 말'은 건너뛰고 바로 첫 페이지로 간다. '맹자는 누구인가?' 소제목도 딱 적당하다. 20분만 읽어요, 타이머를 맞추고 페이지를 가늠해본다. 몇 페이지나 읽게 될까. 한두 페이지 읽으며 시간을 어림하면 될 터, 첫 문장을 시작한다. "맹자는 전국시대…" 띄어 읽기 사이로 엄마 목소리가 들어온다. 읽어드린다는 말씀을 따라 읽는 걸로 받아들이셨나보다. 두 단어 혹은 한 단어, 조금 길면 한 문장 사이로 엄마 목소리가 따라왔다. 귀로만 들으며 따라하는 게 어떨지, 활자가 더 편한 나는 가늠이 되지 않지만 의외로 잘 따라 하신다. 모르는 단어라고 머뭇거리지 않고, 들리는 대로 그냥. 그렇게 엄마와의 함께 읽기가 시작되었다. 평소에 쓰지 않는 단어가 꽤 많지만 조금 틀려도 따라 하는 목소리만으로 충분했다.

"중국엔 나라가 아주 많았어요. 추나라, 노나라, 제나라, 등나라, 초나라…." 두어 페이지에 나라 이름만도 몇 개나 되고, 문공이며 평공이며 이름 또한 여러 개다. 1장은 너무 짧아 2장으로 넘어가니 예상했던 20분을 훌쩍 넘기지만 마저 페이지를 넘긴다. 힘들어 짜증 나지 않게 한껏 명랑한 목소리로. 성선설을 읽으며, 엄만 어떻게 생각해요? 성선설과 성악설 중에서 어느 쪽이라고 생각해요? 라고 물으니, 사람 나름이라며 덧붙이는 엄마 말씀에 뭉클해진다. 이런 이야기를 나눌 수 있구나, 우리. 등나라 정공이 죽고 태자로 있던 문공이 장례에 대해 물어 오자 예에 따른 삼년상을 치를 것을 권했다는 대목에서 또 말을 걸어본다.

삼년상이 이때부터 시작되었나 봐요. 그래, 옛날엔 그랬지. 요즘은 그런 사람이 없지만. 요즘은 시간이 없어서도 안 돼요, 라는 내 말은 아무런 감정도 담기지 않지만, 밥 먹었어요? 오늘은 운동했어요? 외에는 할 말이 없던 엄마와 다른 이야기를 나눈다는 게 낯설면서도 기분이 좋았다. 그렇게 3장 6페이지를 읽은 시간은 37분. 20분은 37분이 되었다. 오늘은 여기까지 읽을게요. 며칠 내로 다시 또 전화드릴께요. 그래 그래라. 다음날로 약속을 하지 않은 건 내가 자신이 없어서이지만 며칠을 넘기지 않겠다는 생각을 하며 말씀드린다. 아! 팔이 저려서 펴지지 않는다는 엄마, 긴 시간 동안 자세를 바꾸지 않고 따라 하느라 팔이 저리다는 목소리. 그러나 짜증은 느껴지지 않는다. 팔 바꿔가며 하시지. 그렇게 했는데도 이젠 기능이~. 다시 본래의 투로 돌아가지만 나의 불편한 감정은 아까와는 확연히 다르다.

열심히 따라 하느라 집중하셨나보다. 수고하셨네. 그런 한편에 조금 마음이 놓인다.

불쑥 시작한 엄마와 나의 책 읽기. 437페이지의 책, 그중 6쪽. 잠깐 아득했지만 1년이면 어떠랴. 이 책을 마칠 때쯤 분명 달라진 우리를 마주할 기대로 마음이 출렁인다. 엄마와 함께 읽는 『맹자』라니! 스치는 생각으로 흘려버리던 것을 잡아챈 저녁을 기념하고 싶다. 모처럼의 산행이 준 선물이었을까. 쾌청한 하늘을 친구 삼아 봉래산을 오르며 바람에 실려 오는 바다 내음에 한껏 푸르러지던 하루의 끝. 어색함 같은 건 없는 척, 한 발 디딘 작은 시도가 우리를 어디로 끌고 갈까. 설레는 밤이다.

영도에 닻을 내리다

1판 1쇄 펴낸날 2024년 12월 26일

지은이 황선화
펴낸이 서정원
펴낸곳 도서출판 전망
주소 48931 부산광역시 중구 해관로 55(201호)
전화 051) 466-2006
팩스 051) 441-4445
이메일 w441@chol.com
출판등록 제1992-000005호

ISBN 978-89-7973-644-1
값 14,000원

부산광역시 BUSAN METROPOLITAN CITY 부산문화재단 BUSAN CULTURAL FOUNDATION 이 책은 2024년 부산광역시, 부산문화재단 <부산문화예술지원사업>으로 지원을 받았습니다.